登山を楽しむための
健康トレーニング

齋藤 繁

上毛新聞社

はじめに

　人口構成を考えれば当然の現象かもしれませんが、日本の山では元気な中高年の方が、それぞれのスタイルでハツラツと活動しておられます。山も登れる元気な高齢者がたくさんいることは人口高齢化先行国として誇りに思うべきでしょう。山で出会う中高年の方々とお話しすると、単にレクリエーション目的という方もおられますが、「自分の健康管理のために毎週欠かさず山歩きをしている」といった健康増進積極派が多いことがわかります。実際、空気が清浄な環境で、雄大な景色を楽しみながら体を動かし汗を流すことは、体にも精神にもプラスに作用するでしょう。しかし、一方で"中高年登山者の遭難急増"とか"山中での病死"といったニュースもありますから、無理な登山で遭難したり、健康増進どころかケガで体を壊したりしないように、それなりの注意や配慮も欠かせません。

　遭難の内容はどうなっているのでしょうか。警察庁の発表する統計に遭難原因の内訳があります（**図1**）。かつては山岳遭難といえば、岩場からの転落、急峻な雪渓での滑落、雪崩など、ルートの困難さや気象要因によるものがほとんどでした。しかし、最近の統計では、道迷い、疾病の悪化なども主要な遭難原因になっています。命に関わるような事例では病気による意識消失などに起因するものも含まれます。また、転落、転倒などはいわゆる岩場ルートではなく、縦走路のちょっとした段差あるいは階段などでの捻挫、骨折などが多いといわれています。比較的軽症例でも救助要請がなされる背景には、携帯電話で"気軽に"救助要請が出せてしまうという現実も関係していますが、登山者のほとんどを占める中高年者では、軽症でも自力下山が困難となる現代の"遭難"の特徴と解釈することができるかもしれません。

　中高年者では、全く健康に不安がないということはむしろ稀(まれ)で、少しずつ身体の不具合が生じていると考える方が自然です。

ですから、若年者用の競技スポーツの指南書や、本格登山家向けのルートガイドはあまり参考にならないかもしれません。それぞれの体の状態に合わせた個別の取り組み方を自分で考えたり、各人の特性を良く把握した指導者から、テーラーメードの指導を受けることが重要です。

　本書では、医学的な見地から山登りの体への影響を考え、真の健康増進山登りはどんなスタイルか、地元群馬の山々を例として考えたいと思います。また、日頃の山登りのなかで体が発する信号を正しく理解するためのポイント、無理のない山登りのスタイルを自分で作り上げるためのコツなどを解説します。要点をしっかりおさえて、真の健康増進登山を実践していただきたいと思います。

図1：警察統計　遭難原因の内訳

「道迷い」や「病気」「疲労」、ちょっとしたところでの「転倒」「滑落」が主要な救助要請の理由となっている。
（警察庁生活安全局地域課　平成27年における山岳遭難の概況）

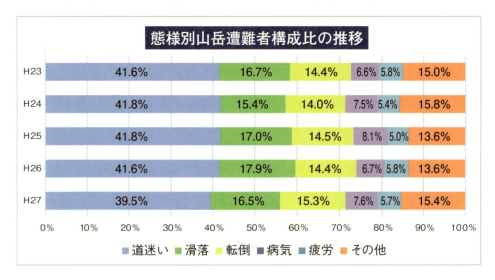

もくじ

健康増進のための登山〔総論〕

- 登山の「趣味」を健康増進に生かす……………………………………………10
- 登山のどこが健康増進によいか……………………………………………10
- 登山で取り組む生活習慣病対策……………………………………………11
- 健康増進のための登山のもう一つのメリット：遭難防止と予備力把握…13
- 年齢に伴う身体機能の変化……………………………………………14
- 臓器系統別、登山者が知るべき予備能……………………………………15
  - 肺と気管・気管支（呼吸器系）……………………………………15
  - 心臓と血管（循環器系）―心臓―……………………………16
  - 心臓と血管（循環器系）―血管―……………………………19
  - 血液……………………………………………………21
  - 筋肉……………………………………………………22
  - バランス能力：感覚器と神経機能……………………………24
- 中高年の方が山へ行く前にやるべきこと（準備としての健康チェック）24
- ルートの特徴と測れるもの、鍛えられるもの……………………………26
  - ＜心拍数を測りながらの登山＞……………………………26
  - ＜血圧を測りながらの登山＞……………………………26
  - ＜季節や天候による影響の違いを考える登山＞……………………28
- イザという時のための環境整備……………………………………30
- 山へ行く前の準備……………………………………………31
- 健康増進の指導者……………………………………………32
- 記録を付ける…………………………………………………33

ぐんまの健康登山コース〔各論〕

坂道歩きを習慣にするための

近郊お手軽コース

- 居住時・勤務地周辺のビル群……………………………………38
  - 10階建てビルコース……………………………………38

前橋公園……………………………………………39	
前橋公園周回コース…………………………39	
高崎観音山丘陵………………………………41	
清水寺コース…………………………………41	
太田金山………………………………………44	
東山＋西山コース……………………………44	

多様なバリエーションを楽しめる身近な百名山

赤城山

黒檜山…………………………………………48	
①大沼からの直登コース……………………49	
②駒ヶ岳経由コース…………………………52	
地蔵岳…………………………………………54	
①小沼側八丁峠コース………………………56	
②大沼側コース………………………………57	
③見晴山側コース……………………………58	
鈴ヶ岳…………………………………………60	
新坂平コース…………………………………61	
大沼北尾根（陣笠山・薬師岳）……………64	
五輪峠・出張峠周回コース…………………65	
鍋割山…………………………………………67	
①獅子ヶ鼻コース……………………………68	
②前不動コース………………………………70	
③荒山高原コース……………………………71	
荒山……………………………………………74	
①宮城（群馬県立森林公園）コース………75	
②姫百合コース………………………………77	
長七郎山………………………………………79	
小沼周回コース………………………………79	
鳥居峠と利平茶屋……………………………81	
鳥居峠と利平茶屋コース……………………81	

≪コラム≫上州の山とお酒………………………84

山麓から5本の舗装道路でアクセスできる 森と湖の山
榛名山

- **水沢山**…………………………………………………………………86
  - 水沢寺から往復コース……………………………………………86
- **二ツ岳**…………………………………………………………………89
  - 二ツ岳コース………………………………………………………89
- **相馬山**…………………………………………………………………92
  - 相馬山コース………………………………………………………92
- **掃部ヶ岳**………………………………………………………………95
  - ①硯岩側コース……………………………………………………96
  - ②湖畔の宿公園コース……………………………………………97
- **烏帽子ヶ岳**……………………………………………………………99
  - 烏帽子ヶ岳コース…………………………………………………99
- **榛名富士**………………………………………………………………102
  - ①ロープウェイ駅西コース………………………………………103
  - ②榛名湖温泉「ゆうすげ」コース………………………………105
- **榛名山の持久力コース**………………………………………………107
  - ①水沢山＋二ツ岳コース…………………………………………107
  - ②榛名湖周辺外輪山半周コース…………………………………112

"危険"マークがうそではない身近なアルピニストエリア
妙義山系

- **表妙義　白雲山**………………………………………………………118
  - 表妙義　白雲山コース……………………………………………118
- **金洞山**…………………………………………………………………124
  - ①中之岳西コース…………………………………………………125
  - ②鷹戻しコース……………………………………………………127
- **相馬岳**…………………………………………………………………132
  - 旧国民宿舎コース…………………………………………………132
- **丁須の頭**………………………………………………………………135
  - ①籠沢コース………………………………………………………136
  - ②不動の滝コース…………………………………………………142

③御岳コース ……………………………………………145
　　④三方境コース …………………………………………148
　山急山 ………………………………………………………152
　　山急山コース ……………………………………………152

コンパクトながら登山のさまざまな要素を体験できる信仰の山
子持山

　子持山 …………………………………………………………156
　　①屏風岩コース …………………………………………156
　　②南面ワイドコース ……………………………………161
　　③小峠コース ……………………………………………163
　　④ぐんま天文台コース …………………………………166

里山から深山へ　変化に富んだトレーニングが可能なエリア
桐生市郊外の山

　桐生市郊外の山 ……………………………………………170
　　①吾妻山往復または1周コース ………………………170
　　②鳴神山梅田口コース …………………………………173
　　③鳴神山川内口コース …………………………………175
　　④鳴神山南部尾根コース ………………………………178
　袈裟丸山 ……………………………………………………181
　　①郡界尾根コース ………………………………………181
　　②折場口コース …………………………………………184
　　③寝釈迦：塔ノ沢口コース（賽の河原まで）………186

番外編
谷川岳（天神尾根・西黒尾根）・白毛門山

　　①天神尾根コース ………………………………………191
　　②西黒尾根コース ………………………………………196
　白毛門山 ……………………………………………………201
　　白毛門山コース …………………………………………201
　掲載コース対象の山などの位置図 ………………………206
　掲載コースの特徴一覧 ……………………………………208
　健康チェックシート(例) …………………………………210

健康増進のための登山〈総論〉

登山の「趣味」を健康増進に生かす

　競技としての登山や新ルート開拓のための登山など、特殊な目的の登山もありますが、圧倒的な比率を占める"普通の"登山では、登山者はどのように山と向き合っているでしょう。「無理のない計画で」と繰り返し推奨されるとおり、あまりつらくなく楽しく運動できる程度のレベルに運動強度を合わせている方がほとんどと思われます。途中で景色を眺めたり、お湯を沸かしてスープを飲んだりという活動も登山の要素に含めることを考えると、いわゆる競技スポーツとは全く異質で、むしろ"旅行"のカテゴリーに近い運動といえるかもしれません。

　このため、登山愛好家には普段のトレーニングをしていない人も多く、準備体操や整理体操をしない人も珍しくありません。週3回、1回30分のランニングを3カ月やってから山へ出かける人はそうそういないでしょう。しかし、「山登り」は、うまく取り組むことで健康増進につなげることができます。そうすることで、せっかくの健康増進の機会を単なる「旅行」に終わらせることなく、健康長寿の一助とすることができるでしょう。

登山のどこが健康増進によいか

　まず、山登りは持久系の運動に区分されます。クライミングなどの特殊な場合を除けば、瞬発的な筋力に依存した動きは稀です。持久系の運動をすることで内臓脂肪などを効率よく燃焼させることができ、糖尿病や高血圧などの予防に役立てることができます。生活習慣病といわれる疾患群の予防には食生活の改善と運動習慣が重要とされていますが、激しすぎない「山登り」はこの目的にピッタリフィットします。また、普通の「登山」「山登り」は、マラソン等の持久系競技スポーツと異なり、最大限の能力を発揮して取り組むことは滅多になく、目指して

街中でのトレーニング
日頃から街中での運動習慣を継続している登山愛好家は多くない。

もいない人がほとんどです。実はこれがまた中高年者が取り組む運動として好ましい点です。

競技スポーツは故障との闘いです。有名スポーツ選手がケガや故障で何カ月も休まなければならなくなる例がしばしば報道されていることをみれば容易にご理解いただけるでしょう。このため、高齢になってから継続することが難しく、実際、競技スポーツを還暦を過ぎてから継続していることは稀です。若年者の競技指導で往年の経験を生かすのがせいぜいでしょう。一世を風靡（ふうび）した競技選手が意外と早く生涯を終えられることさえあります。

一生涯継続的に取り組める運動こそ、健康長寿に貢献しますから、その意味で、自分のペースを守りさえすれば、何歳になっても取り組める「登山」は理想的といえます。

登山で取り組む生活習慣病対策

生活習慣病とは、偏った食生活や運動不足などが病気の発生に関係することが証明されている病気の一群です。以前は「成人病」という呼称が用いられていましたが、成人前の子どもにも発生していること、予防可能であるというイメージを啓蒙（けいもう）するためには呼称を替えた方がよいのでは、ということで、「生活習慣病：lifestyle related disease」と呼ばれるようになりました。糖尿病、脂質異常症、高血圧、高尿酸血症などのうち、先天的でないものを合わせたもので、肥満を合併する複合的で軽症段階のものをメタボリックシンドローム、俗称「メタボ」と称しています。動物性の脂質、糖質、塩分などの摂取量増加、野菜の摂取量不足、などが栄養学的な発症要因と考えられ、これに運動不足、喫煙が発症リスクを高めます。

メタボリック症候群や生活習慣病が真に問題なのは、これらの疾患群が心筋梗塞、脳梗塞、腎不全など生命を脅かす疾患に直結するからです。心筋梗塞や脳梗塞では初回の発作で命を落とすことも珍しくありませんが、運良く一命を取り留めても、その後の治療やリハビリテーションには高額な医療費が必要となります。また、体が思うように動かなくなってしまったご本人にはつらい生活が待っています。脳梗塞で半身不随になった状態、腎不全で血液透析が必要になった場合などを想像すれば、その深刻さがおわかりいただけるでしょう。

予防や治療はまずは生活習慣の改善に尽きます。誘因といわれる習慣か

ら決別し、健康的な習慣へと切り替えていけばよいのです。具体的には食生活の改善として、昔ながらの日本の食生活に戻るのがよいといわれており、諸外国の富裕層で日本食ブームが起こっているのも、このためです。早い話が、ご飯に納豆、焼き魚、野菜のごった煮などを食べているのが健康によいということです。ただし、塩分の摂取量過剰が高血圧の危険因子であること、もともと日本人ではカルシウム摂取量が少ないといわれていること、などには配慮する必要があります。日本食でも薄味を良しとし、牛乳やヨーグルトも摂りましょう。

　運動不足解消については日頃からの定期的な運動習慣の確立が推奨されているわけで、最も簡便で有効な方法は「歩く」ことといわれています。その点では、本書を手に取られ、登山で傾斜のある道を上り下りしようという方々は、第一段階合格です。ただし、時々歩くのではダメで、毎日、2日に1回などのペースで歩行習慣を継続していないと十分に効果が得られません。例えば、ウイークデーは町内で毎日2から4kmの散歩、週末は郊外の山で5時間程度のハイキング、といったパターンが生活習慣病予防の観点からは理想的です。「日常の健康管理として食生活改善に努め、併せて運動の習慣をつける」、これで生活習慣病の予防ができ、さらには健康増進登山の基盤ができます。

　この本の後半で紹介する近郊登山のよいところは、忙しい人でもわざわざ1日つぶさないで取り組める、天気が多少悪くても予定通りこなせる、など定期性の確保に有利である点です。いざという時のバックアップ体制を得られやすいことも高い利便性に含まれるでしょう。他県では、東京なら高尾山、大阪神戸なら六甲山、京都なら愛宕山、福岡なら宝満山、といったところが定番となっています。いずれも、そこそこ標高差があり、道が整備されています。いざという時の退避も比較的容易です。朝早く登れば、文字通り「朝飯前」も無理ではありません。日の長い季節ならば、仕事の後でも1往復できてしまいます。山頂に自動販売機があったり、車の通る道路を横切ったりと、いわゆる山らしさは期待うすですが、トレーニングの場所としてはもってこいです。月に1回ぐらいしか1日がかりの山登りはできない人も、その他の週末にこうした手軽なコースで体力強化を心がけることで、ずいぶん健康増進が図れます。もちろん、こうした山行の繰り返しで、本格的な山登りもずっと余裕を持って取り組めるようになるでしょう。

健康増進のための登山のもう一つのメリット：遭難防止と予備力把握

　山登りと一口にいっても、場所や季節、当日の天候などで天と地ほど状況は変わります。また、登り方のいかんでも体への影響は変わります。天候の急変などの環境要因で通常と大きく状況が変わってしまった場合、状況の急変に適切に対応できないと、大きな事故が発生するリスクが高まります。そして、事故でケガをした場合、街中ならばすぐに救急搬送され、大事に至らぬうちに治療を受けられる程度の傷害でも、生死に関わる甚大な被害に至ってしまうことが稀でないのは、「登山」というスポーツの特徴といえます。

　従って、「登山の実力」は、好天の環境で予想どおりのルートを踏破したという経験よりは、いざという時にどこまで耐えられるか、どんな環境までなら切り抜けられるかというところにあるといえるでしょう。ですから、登山の実力をつけるためには、どこへ行くかだけでなく、どう登るかにこだわる必要があります。近郊の身近な山は"いろいろな風景の中で歩いてみたい"という目的にはつまらない存在かもしれませんが、どう登るかを考え、どの力が不足しているかを探るには最適の環境です。行きやすい山に頻繁に通い、いろいろな登り方、下り方を試すことで自身の体の実力を評価してみてはいかがでしょう。近郊での健康増進登山は、健康管理と増進に役立つばかりでなく、真の山の実力をつけ、いざという時に厳しい環境を切り抜ける力をつけることにもつながります。すなわち、中高年登山者の遭難事例が増加している社会現象にストップをかけることにつながるでしょう。

　なぜ近郊がよいかというと、安全がある程度担保された環境であり、定期的に（あるいは頻繁に）通うことが可能だからです。自分の実力を推し量り、実力アップのための"運動"に取り組むには最適と考えられます。実力評価を目的とする場合、不慣れな環境でがむしゃらに負荷を増やしたり、厳しいコースに次々トライするのは、登山の厳しい自然環境を考慮すると危険な面があります。それまでの活動範囲を大きく逸脱しないで真の実力を推し量るには、いざという時にルートの変更が容易にできるような場所で、途中から支援を受けることが社会的に大事にならないような状況で、計画的に、そして段階的に負荷をかけてみることが必要です。そうした意味で近郊の山々は貴重な存在です。

年齢に伴う身体機能の変化

　身体の機能は20歳前後をピークにその後は次第に低下していきます。体を構成する各臓器の機能もほぼ同様の経過をたどります。次のグラフ（図2）は肺からの酸素取り込み能力のグラフです。2本ある線のうち、下の線は日常動作の時の酸素取り込み能力、上の線は最大運動時の酸素取り込み能力です。このグラフからわかることは、若いときは通常動作時の4倍くらいまで酸素取り込みを増やせる、激しい運動ができるのに、年を取るにつれて、この増やせる予備力が少なくなり、最終的には通常動作と最大可能な運動が同じになる、つまり、日常動作が精一杯になるということです。登山の例に当てはめると、通常状態ならば楽しく登山できたのに、天候が急変したら、少し急がなくてはならなくなったら、まったくダメだった…というシナリオに相当します。

　もちろん、低下のスピードには大きな個人差があり、普段から健康管理に気をつけ鍛錬を怠らない人では80歳を超えるまで相当な体力を維持することができます。また、若年時にしっかり体作りに努め、ピークを高くしておけば、身体機能が下がっても、平均レベルまで下がることをかなり先延ばしできます。同じ年齢でも差が大きいので、個人の「実力」は個人個人で測定しなければわかりません。年齢層別の平均値は参考にはなりますが、けっして各人に当てはまるという保証はないのです。

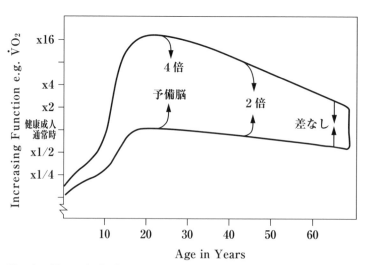

図2：
年齢と生理的予備能のグラフ

20歳前後をピークとして酸素消費予備能（どれくらい酸素を使えるか、運動できるかの指標）は低下していく。

(Stanley Muravchick. Geroanesthesia: Principles for Management of the Elderly Patient, 1997 Mosby, St. Louis)

臓器系統別、登山者が知るべき予備能

さまざまある人間の臓器の中で、登山活動で重点的に注意すべき臓器の系統はどの系統でしょうか。もちろん、生活そのものを山の中に持ち込む長時間の登山では、生存に関わるすべての臓器が関係しますが、登山という運動の特徴から見ると、呼吸器、循環器、造血器、運動器、消化器、感覚器などがポイントとなります。具体的には、心臓、血管、肺、血液、筋肉などと、眼、耳、皮膚などが要チェック臓器です。また、すべての生体機能を司る神経系の機能が健全かつ予備力を持っていることも欠かせません。つまり、脳と脊髄の機能も非常に重要です。こうした臓器の機能は年齢とともに衰えていきますから、中高年の方は特に注意が必要となります。

では、主要な臓器の機能を「登山」との関係で考えてみましょう。

肺と気管・気管支（呼吸器系）

外気から酸素を取り込み、体で発生した二酸化炭素を排出するためには肺や気管・気管支で構成される呼吸器系が機能します。運動すると酸素の需要が増え、排出すべき二酸化炭素の発生も増えるので、運動の強度に応じて呼吸器系は普段よりもしっかり活動する必要があります。つまり、外界から酸素を取り込むための器官として、鼻、口、のど、気管、気管支、肺と、呼吸に関係する横隔膜などの筋肉が、「登り」でのパワー産生に重要な役割を持つことになります（図3）。さらに、筋肉で産生された老廃物としての二酸化炭素を、息として吐き出すために、肺と気管・気管支は逆方向の輸送でも経路となっています。慢性気管支炎や肺気腫などは年齢とともに罹患頻度が急速に高くなる病気で、こうした病気が基盤にあると"登山"という運動は極めて大変になります。登りで「息があがる」のは、呼吸器系の機能が限

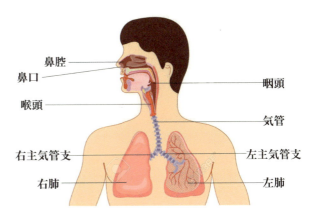

図3：呼吸器系の構造

呼吸器系は外気を吸い込む鼻から始まり、血液と酸素、二酸化炭素の受け渡しを行う肺胞までで構成される。

界に近いことを示していると考えられ、この状態を「つらさ」として実感します。3000mを超えるような高い山の登山では、酸素の圧力が低い環境で運動することになるので、呼吸器の状態はさらに重要になります。低い山なら大丈夫でも、高い山では厳しいということは決して不思議ではありません。

心臓と血管（循環器系）―心臓―

「山の登りと下り、どちらがつらいですか？」と質問すれば、ほとんどの方が「登り」と答えます。これは、坂を上る時に心臓がドキドキする、息が切れる、などの現象が起こり、「つらい」「しんどい」などの感覚が生じるためです。坂の傾斜が急なほど、荷物が重いほど、歩行速度が速いほど、この「つらい」感覚は強まります。自分自身の体重と荷物の重さの双方を、重力に逆らって位置エネルギーの大きい状態へと移動させるので、登りは多くのエネルギーを必要とする身体負荷です。「胸がドキドキする」のは、循環器系の仕事量が限界値に近いことを示していて、これが「つらい」「きつい」と感じられるわけです。

登りに特有の「つらさ」の原因は、筋力不足ではなく、筋肉にエネルギー源を供給する能力の問題です。肺から取り込まれた酸素と、エネルギー源であるブドウ糖を筋肉に運ぶのは心臓と血管で構成される循環器系です。循環器系は、運動中に大量に産生された二酸化炭素やエネルギー消費後の老廃物を肺や肝臓、腎臓に送り返す器官としても働きます。つまり、エネルギー消費が高まる運動時は、心臓も血管もフル稼働することになります（図4）。

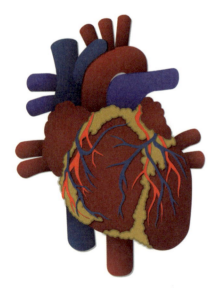

図4：心臓の構造

心臓は血液を吸い上げる心房と押し出す心室、それらの筋肉に酸素や栄養を供給する冠状動脈などで構成される。

呼吸器系も循環器系も人間が生きている以上、休むことなく働いている器官です。ですから、これらの機能が大きく低下したり、あるいは停止すると、生命

を維持することが困難になります。心肺停止が通常は死亡の定義とされることもうなずけます。また、狭心症や心筋梗塞などは、高齢の方々の間ではおなじみの病名ですが、齢を重ねていくと、長い人生の間休むことなく働き続けてきたこれらの臓器には、しばしば問題が発生します。

では最初に、登りでの心臓の機能について考えましょう。心臓は血液を送り出す際、その送り出す量を、1回の収縮で送り出す量と単位時間当たりに送り出す回数で調節しています。

心臓の血液拍出量＝1回の収縮で拍出する量×時間当たりの収縮回数

体重50kgの成人の場合、1回拍出量は50～60mL、心拍数は1分間に60～100回が標準とされています。これらを掛け合わせると、1分間の心拍出量として、3～6Lが標準的な範囲であることがわかります。

心臓は登りの運動の際、1回の拍出量を増やす対応と、単位時間当たりの収縮回数を増やす対応の両者で、血液輸送需要を満たそうとします。しかし、増やせる範囲には限界があり、1回拍出量の増加率は150～170％、心拍数の増加率は300％ぐらいまでといわれています。1回拍出量の増加は最大可能な運動の40～60％程度の運動負荷で頭打ちとなるので、それ以上の心拍出量増加は回数で稼ぐことになります（図5）。

心拍数の最大値は下の式で予測されるので、年齢が上昇すると最大心拍出量も上限が下がってくることがわかります。若年者ではここでいう年齢は暦上の年齢と差があまりないことが多いですが、年齢を重ねるうちに暦上の年齢と生物学的年齢の差が大きくなります。特に病気がなく、持続的な運動習慣などの健康管理で、生物としての（肉体的な）年齢が暦の年齢よりも若く維持できている人では、この式で引くべき数値が小さくなり、最大心拍数の低下が遅れます。

予備式：「最大心拍数＝220－年齢」

また、持久系スポーツの一流選手では1回心拍出量が200～300％になるといわれています。これは、一般にスポーツ心臓といわれる心臓の容量の拡張と心臓の筋肉の肥大で、心臓が一回の収縮で送り出せる血液量が増

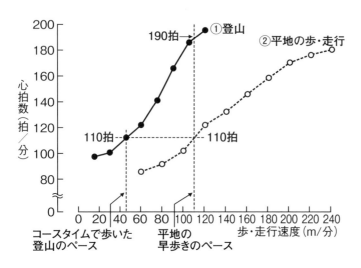

図5：登りの速さと心拍数の関係

登りでは速度を上げていくと急速に心拍数が上昇する。筋肉などの臓器が必要とする酸素や栄養が急速に増加し、多くの血液を供給する必要が生じるためと考えられる。(山本正嘉「登山の運動生理学」東京新聞出版局 2000 年刊より)

加することを表しています。運動選手の安静時の心拍数が少ないのは、少ない心拍数でも必要な血液量を送り出せてしまうからです。登山も、クライミングのハング越えなど一部の例外を除けば、持久系の運動ですので、若年時から登山で鍛えた人では、スポーツ心臓になり、1回心拍出量が増加している可能性があります。これは、安静時の心拍数でおおよそ推定できるでしょう。スポーツ心臓になっていれば、最大心拍数に達するまでの余裕がありますので、可能な運動強度も高くなるわけです。別の言い方をすれば、同じ運動負荷をしても心拍数の上昇は少なく、余裕があることになります。

心拍数と主観的なつらさ（自覚的運動強度）との関係も運動生理学の分野ではおおよその関係が示されていて、持久系のトレーニングとして適当な運動強度は、「ややきつい」（Borg の Scale で somewhat hard）程度とされています。各人の最大心拍数の 60％以上となる運動強度とか、最大心拍数から年齢を引いた値の 80％程度の心拍数となる運動強度、などの目安もあります。このレベルより上の運動では、筋肉への酸素の供給不足が生じ、筋肉での乳酸産生が高まると予想されます。乳酸産生が高まる運動強度の変換点は AT（anaerobic threshold）と呼ばれ、この点での心拍数は「{(220－年齢)－安静時心拍数}×50％＋安静時心拍数」という式で予測されます。登山の目的にもよりますが、トレーニングとして取り組む山登りのペースもこの程度を目標にするとよいでしょう。

心臓と血管（循環器系）―血管―

血管系は心臓が送り出した血液を体の隅々まで送り届ける通り道です（図6）。動脈が往路で復路が静脈になります。心臓の右心室から肺を経由して左心房に戻るまでを肺循環、左心室から肺以外の体の臓器を経由して右心房に戻るまでを体循環と呼びます。体循環では、酸素やエネルギー源をたくさん含んだ血液が動脈を経由して配達され、各臓器で必要な成分が取り出されます。そして、次には二酸化炭素が積み込まれた血液が、静脈を経由して心臓まで戻ります。血管はただの通り道ではなく、血液の流れをよどみなくするためにさまざまな機能を果たしています。例えば、血管自体が血管壁の筋肉を使って収縮や弛緩を繰り返しています。また、内側をライニングしている細胞が免疫や止血・凝固機能の制御をしています。

それぞれの臓器の機能維持にはその臓器に血液を供給する血管の通り具合が重要で、多くの病気がこうした血管の詰まりや破綻によって発生します。例えば、脳梗塞や心筋梗塞は、脳の神経細胞や心臓の心筋細胞の異常ではなく、脳や心臓に酸素や栄養を供給する血管の詰まりで発生するので、正確には血管の病気といえます。登山では体を流れる血液のスピードや量が急激に、あるいは、長時間にわたって変化するので、血管の状態が健全であることは非常に重要です。また、脳静脈洞血栓症などの高所障害の一部も血管の詰まりで説明されるものがあります。

登りでは心拍数だけではなく心拍出量（心臓の1回の収縮で送り出される血液の量）も増えます。送り出される血液が増えれば、血管の中の圧力も上がりそうです。実際、運動した直後

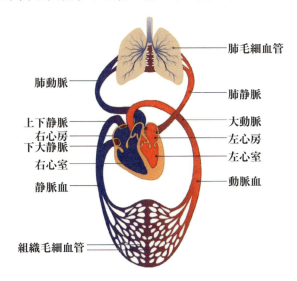

図6：血管系の構成

左心室から酸素や栄養を積みこんだ血液が大動脈を経て各臓器へと送りだされ、二酸化炭素や老廃物を積み込んだ血液が上下大静脈を経て、右心房へと還流する（体循環）。その後、右心室から肺動脈へと送り出され、肺を経由して左心房へ還流する（肺循環）。

に手首で脈を触れてみると、運動していないときよりもはっきりと触れられることが多いと思います。人によっては、浮き出た動脈が脈打っているのが見える場合もあるでしょう。こうした場合、血管が中から強い圧力で押し広げられていることが感知されていると考えてよいでしょう。

　血圧というと病院や保健施設の血圧測定コーナーで水銀計あるいは自動血圧計で座って測るイメージがあります。最近は家電量販店の健康器具コーナーで数千円ぐらいの自動血圧計が簡単に入手できるので、自宅で毎日決まった時間に測定している人もいるかもしれません。しかしながら、いろいろな場面、いろいろな時間帯で自分の血圧を測定し、どう変化するかを試される方はあまりいらっしゃらないようです。山小屋に健康チェックコーナーを設け、山を登ってきた人の血圧を測定するサービスをしていると、「えッ!そんなに高いの。おかしいよ、こないだの検診では問題ないって言われてるんだから」とおっしゃる方は少なくありません。時には、「その機械安物そうだからおかしいんじゃない」とおしかりを受けることもあります。血圧は刻々と変動するものという知識はあまり普及していないようです。

　血圧は、血圧＝心拍出量×末梢血管抵抗、で計算されます。この式からわかる通り、血圧を変動させる因子としては、心拍出量（心臓から送り出される血液量）、末梢血管抵抗（末梢動脈の細さ、曲がりくねり度など血液の流れにくさ）があり、さらに循環血液量（体内を循環する血液の量）、血液粘稠度（血液のドロドロ度）、大動脈の弾力性などが関係します。登山の現場で血圧の変動に直接関係するのは、環境ストレスや運動に伴う交感神経の緊張がもたらす血管の収縮＜末梢血管抵抗＞、発汗や水分摂取不足による循環血液量の減少（脱水）＜心拍出量＞、一時的な息こらえによる胸腔内圧（肋骨・胸骨・胸椎などで囲まれる肺や心臓が収納されたスペース内の圧力）の上昇＜心拍出量＋血管抵抗＞などでしょう。もちろん、現場に行く前の状態として、もともとの高血圧症や動脈硬化による血管壁の弾力性低下、内服している薬なども、各個人の持続的な内因性要素として血圧に関係します。血管が硬くなると、中を流れる血液の量が変わった時に血管の太さを調節しづらくなるので、流れる血液の体積が変化すると、すぐに圧力が変化することになります。すなわち、血圧は上がりやすく下がりやすい、という状態になります。登山の場面を考えると、急な登りで

運動が激しくなる時、危険な場所で緊張した時、冷たい風にさらされた時などは急激に血圧が上がります。逆に緊張が解けたとき、脱水状態の時、湯船につかって体が温まった時などには血圧が急降下します。

血液

　血液は酸素や栄養を輸送する媒体です。道路交通に例えると荷物を積むトラックや車に相当します。トラックが十分な台数ないと、思うように荷物が運べませんが、血液による酸素輸送では、血液中で酸素と結合するヘモグロビンの量と、単位体積ヘモグロビンの酸素積み込み能力が肝心です。また、血液を構成するのは赤血球を代表とする血球成分と血漿（けっしょう）と呼ばれる液体成分ですが、これらが十分量存在するためには、水分摂取や、溶質となる電解質、アミノ酸、タンパク質などの摂取、血球やタンパク質合成のためのビタミンや栄養素の摂取が欠かせません。また、人間の赤血球ヘモグロビンには鉄が必要なので、鉄分の積極的な摂取も必要になります。

　登山活動中は水分のロスが極めて大きく、エネルギー消費も亢進します。しかし、多くの場合、水分やエネルギーのロスを山中で補うためには、水や食料などの重い荷物を自ら背負って歩かなければなりません。重い荷物を持てばエネルギー消費も水分のロスもさらに増えるのですから、血液や組織液で構成される体液の管理を登山活動中に適切に行うことは難しい作業となります。過酷な環境の中で障害を起こさないためには、体液管理の要点をしっかりと理解し実践することが必要となります。山に向かう前に、体を維持するために必要な成分を十分に摂取しておくことが肝心ですし、行程が数日以上に及ぶ場合は、山に入ってからの補給内容にも慎重な計画が求められます。

　人間のヘモグロビン量は性別や年齢によって平均値が異なります。男性では高く、女性では低くなり、両性別とも高齢になると低下します。喫煙者では、タバコの煙に含まれる一酸化炭素で、ヘモグロビンの一部が酸素運搬能を失うため、非喫煙者よりも10％程度ヘモグロビン量が多くなります。しかし、酸素を運べない赤血球があるためなので、決してよいことではありません。ヘモグロビン濃度が低下した状態を貧血と診断しますが、成人では男性13g/dL、女性12g/dL以下がこれに相当します。高齢者（65歳以上）では11g/dL以下を貧血と考えることが妥当です。

筋肉

　登山を含め、あらゆる運動には骨格筋と呼ばれる体を動かすための筋肉の機能が欠かせません。筋肉の機能は収縮力とその持続力で判定されます。幸い、筋力は測定しやすく、巷のスポーツジムに行けば、この動作では〇〇kgのおもりを動かせる、何分保持できる、といった方法で筋肉のパワーを測定することができます。登山を含めて持久系のスポーツでは、極端な筋力は必要とせず、そこそこのパワーが長時間出せることが重要です。ボディービルダーのようなムキムキの体では、酸素消費量が多くなりすぎて、時間当たりの酸素消費を節約することが求められる山岳スポーツに向きません。もちろん、一部のクライミングではそれなりの筋力が求められますが、それでも体重＋わずかな荷物以上のものを持ち上げる必要はないので、やたらに筋肉を太くすることには意味がありません。高所登山で成果を上げている登山家は、みなさんスリムで省エネな体をしておられます。しかし、歩行のための筋肉はしっかりとしている必要があるので、大腿四頭筋を代表とする下肢の筋肉はスリムながらしっかりした筋肉である必要があります。登山のパフォーマンスを上げる、あるいは維持するためには、スリムでタフな筋肉で構成された肉体を目指すべきでしょう。

　登山で使用する代表的な筋肉は、体幹部以下では、大腿四頭筋、下腿三頭筋（腓腹筋・ヒラメ筋）などの膝上下の筋肉群と姿勢を維持するための腹筋、背筋です。上半身では、肩周囲の大胸筋、僧帽筋、上肢でバランスをとったり、腕力で体を引き上げる場合に使用する上腕二頭筋、三頭筋、三角筋などです（図7）。

　登山に特化した筋力トレーニングでは、坂の上り下りで使用頻度の高い筋肉を意識することが必要です。以下にあげる筋肉は平地のウオーキングだけでは強化されないので、坂道や階段の昇降、椅子の着座起立、スクワットなどで強化に取り組む必要があります。脊柱起立筋群：背骨の周りを取り囲む筋肉で、体を引き起こす、あるいは前傾・後傾姿勢を維持するために使われます。坂道の上りでは前傾姿勢となるので、上りの体勢維持に重要です。腹直筋：体幹部の姿勢を維持するために使われ、特に体幹を屈曲させるために活動します。傾斜道を下る際に後傾姿勢を保持するためにも大切な筋肉です。大臀筋：平地の歩行ではあまり使われませんが、股関節を伸展しながら体を上に引き上げる時に重要な役割を演じます。階段、梯子、急傾斜の上りで大きな負荷がかかります。大腿四頭筋：膝関節の伸展

を行う登山では最も活動する筋肉です。登りの膝運動ばかりでなく、下りでの減速でも重要な役割を演じるため、筋肉痛や障害が起こりやすく、特に年齢とともに筋力低下が起こりやすい筋肉です。登山を長く楽しむためには日頃から鍛えておく必要があります。前脛骨筋：足関節を背屈（つま先をあげる）する

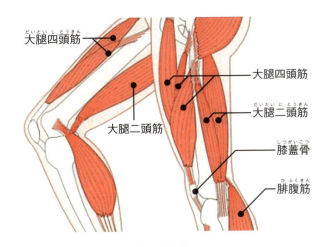

図7：登山で活躍する筋肉
大腿四頭筋や下腿三頭筋は登山活動で最も活躍する。

動作で使用される筋肉です。障害物につまずかないように足の位置を調整する時に使われます。傾斜が急な斜面でも頻繁に使われる筋肉で、この筋肉に力が入らなくなるとつまずきやすくなり危険です。転倒防止のために強化が必要な筋肉です。腓腹筋：足関節を底屈（足の裏側に曲げる）するために使用されます。登りの傾斜が増すにつれ、また、登りの速度が増すにつれて腓腹筋への負荷が高まります。ヒラメ筋：腓腹筋を補佐する筋肉で、遅い速度で長時間登る時に活動が高まる持久系の筋肉です。歩幅が狭いゆっくりした坂道ではヒラメ筋が、大きな歩幅で膝を伸展させながら速く登る場合は腓腹筋が主に力を発揮するといわれています。

特定の筋肉に負荷のかかる登山の動作
急な坂の登り下りでは平地ではあまり使用しない筋肉群が活躍する。急な登りでは大臀筋や大腿四頭筋（写真左）、鎖場の上り下りや立ち木をつかみながら登るようなポイントでは上肢や胸部の筋肉が活躍する（写真右）。

バランス能力：感覚器と神経機能

　刻々と変化する環境の中で運動する登山では、視力や聴力、温度感覚などの感覚系の機能は重要です。野生動物は聴覚や嗅覚が鋭敏で、そうした能力で迫ってくる危険を察知したり、獲物の場所を探り当てたりしますが、同様のフィールドで活動する登山者も、エサの獲得はともかく、危険の回避には鋭敏な感覚が欠かせません。人間は進化の過程で嗅覚が衰えているので、その分、視覚は鋭敏になっています。登山活動では、歩きながら障害物を認知し回避する必要があるので、じっと見つめて測る視力よりも、動く物を正しく認識する動体視力が良好である必要があります。また、厳しい登山では、暗いうちに行動することも多く、予定外の状況で暗くなってから場所の移動を迫られる時もありますから、暗い環境での視力も良いに越したことはありません。そして、しばしば近くから遠くへ、遠くから近くへと視点を変える必要に迫られるので、焦点を瞬時に変化させる能力が求められます。いわゆる老眼では、この能力が著しく低下します。

　視力も聴力も皮膚の温度感覚も年齢とともに衰えてくる感覚です。眼鏡や補聴器で矯正できる場合はもちろん矯正すべきですが、道具では矯正できない場合が少なくありません。また、感覚器の再生能力は決して高くなく、一度衰えた機能を復活させることは非常に困難です。誰しも経験する感覚器の衰えですが、衰えを早めるような蛮行を避けることは大切です。明るい光を直視したり、大音響に耳を曝すことなどは避けることができます。また、日頃から自分の感覚器の能力を正しく把握し、その能力の許す範囲で活動を制御する努力はするべきでしょう。

急な動作では動体視力も重要
坂の下りや障害物を避けながらの登山では、動きながらの正確な視認が必要となる。

中高年の方が山へ行く前にやるべきこと（準備としての健康チェック）

　どのような運動でも、運動を始める前にその運動が安全にできる体であるかあらかじめ確認しておくことは重要です。学校では入学時検診や年度

ごとの定期検診で、健康上の問題がないか必ず確認します。何か問題があれば、「水泳は見学だけにしましょう」とか「マラソンは無理ですね」などと体育の時間に行う運動の種類に制限をかけています。元気な学童・学生でもこうしたステップを踏んでいるわけですから、体の機能が低下傾向に入っている中高年者では、運動前の健康チェックは欠かせません。市町村の健診や勤め先の健診には、心電図、血圧測定、胸部レントゲン撮影、貧血や血糖検査を含む血液検査などが含まれていますから、定期的に受けていれば基本事項はクリアできるでしょう。膝や腰、足首などの関節の状態やバランス感覚など、運動機能、神経機能などもチェックする必要がありますが、これらに異常があると痛みや日常動作での支障が発生しますので、特別な検査を受けなくてもご本人が自覚していることがほとんどです。

　登山の場合は、もう一段の検査として、呼吸機能や負荷心電図などもチェックするとさらに体の適正度が正確に把握できます。実は、登山者対象でなくても、病院では各種の負荷試験と呼ばれる生体の機能評価法がいろいろと行われています。日常生活が問題なくできていても、手術などの侵襲性の高い治療に耐えられる体であるか、評価する必要があるからです。一番良く行われるのは、心臓の評価で、心電図や血圧を測りながら、傾斜をつけたベルトの上を歩いたり、階段を上り下りします（負荷心電図検査）。こうした検査で異常があると、そのまま手術を行うのは危険なので、例えば、「必要なのは胃の切除術ですが、その前に心臓の治療も行いましょう」といった対応がとられます。登山の場面に当てはめると、「すべて完璧な条件ならばＡ山にも登れるでしょうが、天候が悪ければ２倍の体力を必要とするから、その前に簡単なＢ山を○○の時間で往復できるようになってからにしましょう」といった対応をとるのと同じことになります。

　さらに骨粗鬆症の検査や背骨、膝のレントゲン撮影も山登りに本格的に取り組む場合は重要です。高齢女性がホルモンバランスの関係で骨粗鬆症になりやすいことはよく知られていますし、山登りでの事故の多くに骨折や関節の靭帯損傷が含まれます。重い荷物を背負って重力に逆らって坂を上る、あるいは、下山時に足首や膝の関節、背骨に大きな負荷をかけるといった活動を繰り返すことで、関節軟骨のすり減りに伴う関節症や背骨の椎間板の変性が起こります。本格的に山登りに取り組む前に、あるいは取り組みながら定期的に、こうした体の部分に異常が発生していないか確認しておくことが大切です。大まかな変化は単純エックス線撮影でわかりま

す。そこで異常が見つかればMRI検査などを受け、悪化を防ぐための諸注意や必要な処置（サポーターの使用や場合によっては手術）を受けることで、その後の活動がより安全に行えることになります。骨粗鬆検査も広く実施されるようになったので、積極的に検査を受け、年齢平均よりも進んでいるようであれば、食生活の改善や予防薬の内服を考えると良いでしょう。

ルートの特徴と測れるもの、鍛えられるもの
＜心拍数を測りながらの登山＞

　初めて行く山や微妙なバランスを強いられるポイントの多い山は持久力評価には向きません。なぜなら、初めて行く山ではルートファインディングを優先しなくてはいけませんので、一定のペースで歩き続けたり、息があがるほどに登りの筋肉運動を集中的に行うのは難しいからです。歩くことに集中しすぎていると道迷いの危険が伴うかもしれません。また、狭いナイフリッジや鎖場の連続する斜面では、とてもペースを優先して行動するわけにはいきません。心肺機能評価には通い慣れたいわゆるウオークアップピーク（特別な技術や道具がなくても、歩いていれば登頂できる山）が向いています。

　登山の現場での心拍数について、学生山岳部の活動などで鍛えている登山者の場合は、140〜150回／分、ハイキングで100回／分程度という値が、実測で報告されています（スポーツ医科学：中野昭一編、山本正嘉「登山」685-693.　杏林書院1999）。これは上り下り含めた平均ですが、鍛えている人でも登りで150回／分程度の範囲に留まっていて、無酸素性作業閾値（この値を超えて激しい運動をすると酸素の供給が追いつかなくなり、酸素なしのエネルギー産生経路が起動して乳酸が蓄積し始める）に相当する160回／分を超えないことが示されています。10kg程度の荷物を背負った近郊の山の登り（10％程度の傾斜）の場合、このレベルの心拍数で休まずに登り続けることができ、その時の歩行速度が毎時3〜4kmであれば、登山者としては優秀ということになります。

＜血圧を測りながらの登山＞

　フィールドで繰り返し血圧を測る場合は、運動の影響ばかりでなく、気温の変化、酸素の圧力の変化、湿度や風の影響、そして心理的なストレス

の影響などが複合的に作用した状態での血圧変動を観察することになります。同じコースで繰り返し測ると、気象条件の体への影響が分かります。

　もともと血圧は水銀柱に接続されたマンシェットと聴診器で測定されていましたが、最近は自動血圧計（血管の拍動を検知するセンサーが付いている）での測定が広く普及しており、精度も非常に高くなっています。フィールドで測定するときは、血圧を測定するからといって、いちいち腕まくりするのは大変です。あらかじめ薄い下着の上に血圧計のマンシェットを巻いておき、接続ホースが袖口からすぐ出せるようにしておいて、実際の測定時にはホースを袖口でつなげばすぐ測れるようにしておくと便利です。一般的に、厚着をした上に血圧計のマンシェットを巻いて測定すると、正確に測れないといわれますが（服が厚いと服を押しつぶす圧力が必要なために測定値が高くなり、たくし上げた袖で腕が締め付けられると動脈の流れが阻害されるので測定値が低くなるといわれている）、無雪期の登山の服装であれば、よほど厚着をした上でなければ問題ないようです。また、手首や指に装着するタイプもありますが、手足末梢に近い部位の血管は気温等の環境の変化に大きく影響を受けるので、フィールドでの測定には向きません。特に寒い時季には指や手首では拍動が弱くてうまく測れない時が多いようです。

　前にも述べましたが、フィールドで運動した直後に血圧を測定するとビックリするほど高い値が示されることがあります。しかし、ほとんどの場合、これは機械の故障ではありません。「なるほど、こんなに上がるんだ」と素直に認めていただき、血圧の特性を理解していただきたいと思います。

　上がりすぎることに警戒する話はよく聞きますが、下がりすぎることに対する警戒も非常に重要です。なぜなら、高血圧症という病名から血圧が高いことが問題と考えられがちですが、前述のとおり病気の本質は血管の弾力性低下、動脈硬化にあることが多く、下がり過ぎにも警戒しなくてはならないからです。特に、脱水の状態で血管が急に拡張すると、動脈硬化の進んだ人では極端に血圧が下がります。こうなると、脳や心臓に血液を送り込む勢いがなくなり、脳や心臓が酸素・栄養不足に陥ります。つまり、脳梗塞や心筋梗塞が起こりやすくなります。先ほどのフィールドでの血圧測定の延長として、下山後一休みした時、風呂に入った後、十分水分を補給した後などにも、ぜひ、実際に血圧を測定してみてください。注意すべ

きタイミングが印象深く示されるかもしれません。よく悪い例として挙げられるのは、「大汗をかいて脱水状態となっているのに、下山後のビールをおいしく飲むために水分摂取をとことん我慢し、夕食前に汗を流そうと熱い露天風呂に飛び込む」といった状況です。血液の体積減少と末梢血管拡張による血管容積の拡大が合わされば、血管内の圧力は極端に低下します。そうなると頭にいく血液が少なくなって……目の前が真っ暗になって思わず座り込むくらいで済めばよいのですが、血液の流れが乏しくなった場所で血管が詰まってしまえば、立派な「脳梗塞!」が完成してしまいます。

<季節や天候による影響の違いを考える登山>

　登山というスポーツの特徴の一つは、天気や、気温、風などの気象条件、季節変化に大きく影響を受けることです。同じ山でも快晴の時と悪天候の時、夏と冬では体への影響が全く異なります。こうした環境要因の影響を近くの繰り返し通える山で実体験しておくことは、登山の本質を理解するために非常に重要です。また、健康増進を考える際にも、環境要因の影響は忘れてはならない要素です。

　大まかな特徴を述べると、気温・湿度の高い夏場は熱中症への注意が大切で、こまめな脱水補正が欠かせません。のどの渇きを感じにくくなる高齢者ではのどの渇きを感じなくても水分を摂ることが勧められています。一方、若年者は体の熱産生が大きいので、運動量を意識的に抑えることが大切です。汗で失われる電解質も水分と一緒に摂取することが必要ですが、高齢者では摂り過ぎも良くないので、市販のスポーツドリンクを半分くらいに水で薄めた程度が目安とされています。

　気温が高い状況では、血管が広がりやすく、手足の末梢循環には好ましい環境ですが、末梢に血液が貯留してし

脱水状態の入浴は危険
脱水状態で入浴すると、急激な血管拡張で血圧が下がり、脳や心臓などの重要臓器への血液供給が低下する恐れがある。

まい、心臓に戻る血液が相対的に減少するので、血圧が下がりやすくなります。動脈硬化が進んでいる人では、血管に弾力性が乏しいので、この血圧低下が極端になります。血圧が下がりすぎると、脳や心臓への酸素やエネルギー供給が減少し、立ちくらみや胸痛、不整脈を起こすことがあります。これがひどくなると脳梗塞や心筋梗塞へと発展します。

寒冷な環境では、低体温症や凍傷への注意が必要です。熱産生能の低い高齢者や、熱産生能は高くても体表面積率が高いために熱を失いやすい小児では特に注意が必要です。気温がそれほど低くなくても、雨や霧による濡れと強風が合わさると、体表での気化熱損失が大きくなり、急速に体温が奪われることになります。防湿、防寒、防風を厳密に行える装備が必要で、併せて、体の熱産生能を維持するためのカロリー摂取が欠かせません。標高の高い山では、気象条件によっては、夏場でも低体温症のリスクがあることに十分注意する必要があるでしょう。

凍傷は手足や顔面などの局所が一定時間以上冷やされることによって発生します。体の一部が凍結するためというよりは、寒冷による局所の血管収縮や血管の壁の麻痺状態による局所での血漿（血液の中の血球以外の液体成分）漏出で、血管が詰まることが原因と考えられています。ですから、動脈硬化の進んだ、もともと末梢循環の不良な方に発生しやすいことになります。発生する場所はほぼ決まっており、手足の指と下顎、鼻、耳などです。登山用具の特徴も関係し、ピッケル把持に使用する指に特に発生しやすいとされていますが、厳しい環境に長時間曝された場合は、足や手全体が凍傷になることもあります。

道具を充実させることや、現場での諸注意も欠かせませんが、普段から血管の状態を健全に保つ努力も大切です。動脈硬化を悪化させる食生活を避け、血管を収縮させる喫煙も控えましょう。

環境要因に影響を受けやすい登山ですが、これを逆手に取って、トレーニングとして積極的

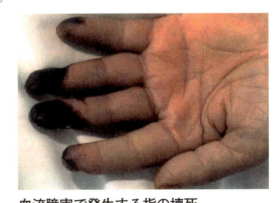

血流障害で発生する指の壊死
手足への血流が途絶えると、最も末梢にある手指や足趾に壊死を生じる。

に不良な環境での登山を体験することも有意義です。いざという時の対応策を十分練ってからチャレンジすることはもちろんですが、近くの状況の良くわかったエスケープルートのとれる場所であれば、本格的に体への悪影響が発生する前に退避することが可能でしょう。夏と冬、快晴時と降雨・降雪時に、同じ場所へ同じルートで向かい、所要時間、現地での体調などを細かく比較しましょう。夏場の散策ルートが、厳冬期の降雪直後には何倍も時間・体力を要する難ルートに変化することが実感できる場合もあるでしょう。これが山の厳しさでもあり、対応のとれる人には楽しみにもなります。

　降雨後の足場の変化などもバランス感覚を養うには好都合なトレーニング課題になります。谷川岳の蛇紋岩などは、濡れると極めて滑りやすくなり、これが転倒・滑落事故が多発する要因ともいわれていますが、ちょっとした岩場でもしっかりと三点支持するきめ細やかさを養成するきっかけになるでしょう。ただし、くれぐれも骨折しないよう厳重に注意してチャレンジしてください。濡れた木道やコケむした登山道も侮れません。こうしたトレーニングでは、条件の良いときの2倍以上時間をかけることが大切です。

イザという時のための環境整備

　本書では健康状態、特に予備力を把握するために少し頑張ってみることを勧めています。「無理はしないで」ということはもちろんなのですが、少しは頑張らないと潜在的な実力はわかりませんし、鍛えることにもなりません。一方、限界に挑戦することが目的でもないので、「どのくらいに負荷がかかるとつらくなってくるか」を目安にして、「つらくなっても負荷をかけ続けて倒れるまでやめない」という無理は避けてほしいと思います。もちろん、

降雪後の登山はよいトレーニング
降雪前後に同じ登山道をたどることで、状況の変化による山の厳しさ、楽しさの変化を実感できる。

人によってはついつい負荷が大きくなりすぎてバタンキューという事態も想定しなくてはなりません。ですから、いざという時の対処法も含めて事前の準備と注意事項の徹底を十分に行ってから負荷をかけていただきたいと思います。

コケの生えた木道の下り
コケの生えた木道の下りは雨の後極めて滑りやすい。

山へ行く前の準備

　自ら資料を集め、行きたい山のルートの特徴を勉強して、必要な装備、途中の小屋の状況、荒天の時の退避ルートなどまで詳細な情報収集を行うことはすばらしいことです。というより、そうあるべきと思います。しかし、手持ちのガイドブックと天気予報を見て、財布の中身を確認したら、さあ出かけようという方も少なくないと思います。思い立ったらすぐ実行という積極性は大切ですが、近郊のトレーニング的な登山でも、もしもの時の対策は重要です。途中で問題が生じたときのエスケープルートはしっかり確認しておきましょう。

　次に、体の準備と各人の身体的な特性に対応した注意点を挙げておきたいと思います。

　心臓や血管系に不安のある方は防水、防寒具を十分に装備してください。寒冷は血管を収縮させ、血圧を高くし、心臓への負担を増加させます。ルートはくれぐれも無理のない傾斜のゆるめのところから段階的にお願いします。「心臓破りの坂」といういい回しもあるくらい、登り坂は循環器系に大きなストレスになります。

　糖尿病など代謝系に不安のある方は飴やチョコレートなど甘味の食料と脱水予防のためのスポーツドリンクをお忘れなく。血糖が高いことばかり注意されがちですが、血糖を調節する能力が落ちているので、低血糖にも注意が必要です。それに、尿に糖が出ると、同時に排出される水分のロスにより脱水になります。昏睡状態になるほど脱水や電解質異常（体の中のイオンバランスが崩れること）が進行することもあり得ます。のどが渇いたら、力が入りにくくなったら、目の前が真っ暗になる前に素早く補給してください。運動前の栄養補給法としては、マラソンやトライアスロンの

マニュアルを参考にしてもよいでしょう。これらの運動前には、筋肉のグリコーゲン貯留を最大にするような科学的な食事法（カーボローディング）が実践されています。

　足腰の関節に不安のある方は支えになるストックとサポーター（もしくはテーピングテープなど）をお忘れなく。どうにも動けなくなるまで我慢するのではなく、ちょっと不安を感じたらちゅうちょなく補助具の助けを借りてください。最初から負担軽減を図っておいた方が自分にも周囲の方のためにも得策です。慎重にこうした道具を使用することでつまずき時の転倒防止も図れます。

不安定な場所での歩行補助具使用
膝や足首の負荷軽減と伴に、不安定な場所での転倒防止にストックやサポーター、サポーター内蔵タイツなどを使用することは効果的。

　それから、どんな方でも、万が一のときのために、行き先とルートぐらいは周囲の人が分かるようにしておいてください。ご本人が「俺はやりたいことはみんなやった。山でどうなっても未練はない」などと豪語していたとしても、帰るべき人が帰ってこないのに、家族が放っておくわけにはいきません。携帯電話を持っていても、バッテリー切れで使えない、谷底や気象条件で電波が届かないといったことは山ではよくある話です。

健康増進の指導者

　日本でも登山ガイドを標榜する"プロ"の広報を目にすることが珍しくなくなりました。世界の山を相手にするバリバリの登山家から地域限定の山域密着型の方までさまざ

までです。内容も、近郊の山の道案内的なものから、岩壁、氷壁登攀まで幅がありますが、いずれにしてもルートの先導と歩行・登攀の技術指導が任務です。こうしたガイドの方々もファーストエイドの講習を皆さん熱心に受講されていますが、慢性疾患の管理や健康増進のための運動のコツを教わっているわけではありません。また、健康管理を意識した登山ツアーはほとんど皆無といっていいでしょう。ですから、もともと健康に不安のある中高年登山者が健康増進のための登山を行う場合、その管理をするのはご自身と自分のことを良く知った仲間ということになります。

　というわけで、健康増進を意識して山登りをする場合、個人の特性に配慮したきめ細かいアレンジのできる山岳団体に所属するか、あるいは、自分自身で体調を管理しながらマイペースの登山をすることが選択すべきオプションとなります。登山で健康増進を図ろうと思ったら、ご自身の健康上の特性や問題点に関する情報を集め、正しい知識を持ちましょう。そして、自分自身あるいはメンバーから発せられる体調に関するシグナルを正確に認識し、適切な判断を下す能力を身につけなければなりません。

記録を付ける

　競技での成績アップを目的とするのではなく、自分の健康維持・増進を目的として登山をする場合、他人との比較はむしろ有害です。競争心に駆り立てられた無理な運動は継続を難しくするばかりか、ケガや持病の悪化にもつながります。自分にとって快適な運動という視点を忘れないようにしましょう。そして、継続的に繰り返し健康パラメーター測定を行い、自分の値の変化に注目することが重要です。心拍数測定の場合、何年経っても横ばいを目指せばよいわけで、もし、歩行スピードが速まったり、心拍数増加が低く抑えられるようになったならば、それは儲け物というべきでしょう。

　記録を付けるときは、「〇〇年〇〇月〇〇日、〇〇時〇〇分出発。天気〇、気温〇〇度、湿度〇〇％。荷物〇〇kg。〇〇山〇〇コースの〇から〇まで、標高差〇〇m、水平距離〇〇kmの部分を〇〇分で歩くのが快適な運動であった。〇〇時に〇〇地点で測定した心拍数は〇〇回／分、血圧は〇〇／〇〇であった」と事実を正確に記録することが大切です。こうした自分自身のデータを、シーズンを変えて毎年何度か測定し、その都度以前のものと比較しましょう。登山活動を基盤とした健康管理が行えます。こ

こでは他者との優劣を比較することが目的ではないことに注意してください。歩行速度もさることながら、快適と感じる心拍数が下がらないで維持されていれば、ご自身の生物学的年齢は上がっていないと推測することができます。もちろん、当初は楽々気分で、数年後はやっとのことで、という具合では比較になりませんので、あくまでも快適に登っている時の値にこだわってください。長く歩くと膝や足の関節が痛くなってペースが下がるということもあると思います。その場合は歩く距離を短くして、痛くならない範囲で記録を取りましょう。

　心拍数と血圧は測定しやすい健康チェック項目です。具体的な数値が分かるので比較が容易です。もし手近にパルスオキシメーター（動脈血酸素飽和度計）がある場合は、動脈血酸素飽和度も測定しましょう。これも数値で評価することができます。酸素飽和度計は基本的には医療機関向けの医療機器ですが、価格は3〜1万円ぐらいまで下がってきていて、在宅酸素療法を受けておられる方々は個人用の飽和度計で健康状態をチェックしています。標高3000m以上の山に登る場合は呼吸器系の機能を明確に評価してくれます。もちろん、主観的な疲れ具合や、健康上の気づいた点を数値と合わせてメモしておくとさらに参考になります。定期的に、同じ場所、同じ場面で測定することでよい比較ができますから、頻繁に通えそうないくつかのコースについて、心拍数と血圧を測定するタイミングや場所を決めておきましょう。紀行文的な山行記録を習慣的に付けておられる方は、その最後に、健康状態に関する記録も追加することをお勧めします。

記録を付ける習慣を
日頃から行程記録とあわせて健康状態に関しても記録をこまめに付けることで、自分自身の健康状態推移を把握することができる。

ぐんまの健康登山コース〈各論〉

本書の目的とフィールドでのチャレンジテスト

　人生に積極的に取り組むことは大変好ましいことです。ぜひ多くの人に、年齢や社会環境にとらわれず、さまざまな健康増進活動にどんどん取り組んでいただきたいところです。その意味では、中高年の登山者増加は大変喜ばしいことで、健康長寿先進国として世界に誇れる事実だと思います。であればこそ、中高年者の登山は健康増進につながるものでなければなりません。登山が健康増進の良い機会となるために、また、健康増進目的の登山が不幸な事故につながることのないように、事前の健康管理、体力チェック、活動中の健康状態把握はしっかりしていただかなければなりません。

　この本の各論では、一人で、あるいは、グループで群馬県の近郊の山々を歩く場合の、体への影響を解説します。他人と比較して成績の優劣を競うというものではなく、各自が自分の能力を正しく認識し、その推移を経時的に観察して健康管理に生かすことを目的としています。日頃から登山を愛好している人は、「大丈夫だ」「結構行けるなあ」という印象をもつことが多いと想像しています。しかし、もし「ちょっとツライな」、「ダメかな」と思ったら、ペースを落とすなどして運動の強度を調整し、無理のないスピードで行程を完了することを目指してください。また、「明らかに弱っているぞ」と思われたら、迷わず医療機関を受診して、異常の内容を伝えてください。健康増進のための登山は病気の早期診断ツールともなりますから、病気が早く見つかり、早く治せるかもしれません。

　コース紹介の後には健康チェックシートが載せてあります。この頁をコピーして、各山行ごとに測定値や疲労度、健康上の気づいたことを記録してください。記入した記録紙は場所別にファイルし、以前のものと比較がしやすいように保管してください。何回分かたまったら、測定値ごとに推移をグラフ化し、ご自身の健康度の変化をじっくり眺めてみるとよいでしょう。

―坂道歩きを習慣にするための―
近郊お手軽コース

前橋公園と群馬県庁

居住時・勤務地周辺のビル群

　群馬県の市街部には山はほとんど無いものの標高50〜150m程度のビルがあります。日々のトレーニングとして坂の上り下りの訓練を行うのであれば、最も適した場所といえます。もちろん、都心部のように一回の上り下りでちょっとした山と同じぐらいの運動量になる高層ビルはありませんが、10階ぐらいのビルを10往復すればトータルでは同じ運動量になります。身体の鍛錬の場として活用する意義は十分あるでしょう。

紹介コース

10階建てビルコース

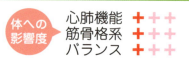

- ●コースデータ…標高差 1階当たり4〜5m、距離1階当たり10m、標準タイム1階当たり片道2分
- ●アプローチ…車道1km以下　※最終駐車スペースからスタート地点まで

コースの特徴

　階段を繰り返し上り下りすることで10〜30分程度のエクササイズコースがたくさん設定できます。下りの際の膝や足腰への影響を避けるためには下りのみエレベーターを使用するという方法もあります。水入り2Lペットボトルを数本用意して荷重を増やしてトレーニングすることもできます。天候に左右されないことも大きなメリットです。

●コース時間目安
　スタート地点 …… 10分 ……▶ 最高地点（繰り返しで標高差や距離を稼ぐ）

　ビル昇降時の注意点は、階段を利用してもよいかあらかじめビル管理者に確認しておくこと、不審者と間違えられないようにトレーニングであることを身支度でアピールすることなどです。ビルによっては、出入りで非常ベルが鳴る構造になっていたり、時間帯で階段スペースから出られなくなる設定がされていることもありますので、これらもあらかじめしっかり確認しておきましょう。

前橋公園

　前橋市中心部に広がる利根川川畔から城跡へとつながる公園です。前橋市の市街部には丘陵がほとんどないので、川岸の水際から公園の階段上までの標高差をうまく使ってエクササイズコースを設定しましょう。前橋市市街部に居住・勤務する人にとっては、アクセス時間がほぼ0なので、日々の練習場とするのには有利です。

紹介コース

前橋公園周回コース

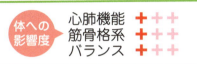

- コースデータ…標高差25m、距離 1周約800m、標準タイム1周10分
- アプローチ…車道1km以下　※最終駐車スペースからスタート地点まで

コースの特徴

　階段と傾斜の緩い散策路をつなぎ、数回周回することで30分程度のエクササイズコースを設定しましょう。

●コース時間目安
利根川川畔❶ …… 5〜10分（さちの池南側経由）…… ▶ 堤上桜並木❻
…… 5〜10分（さちの池北側経由）…… ▶ 利根川川畔❶

コースの特徴

　前橋公園は。群馬県庁ビルの真下に広がる都市公園です。西端は道路をくぐって利根川に接しています。まず利根川の水際まで下りてみましょう❶。砂地や傾斜のある石畳など、登山道の要素もあるエリアになっています❷。水際から歩き始め、道路の下をくぐり❸、さちの池の南側を歩くと❹一段高い位置の公園に上がるやや急な階段になります。ふとももを大きく上げて、登りの練習をしましょう❺。いったん平らになったら❻、振り返り気味に上段の階段も一気に上ります❼。堤の上に上がると浅間山や榛名山がよく見渡せます。堤の上を速足で北側に歩き切ると階段で下段の公園に下りられます。今度はさちの池の北側を通り、再度道路の下をくぐって利根川水際まで歩きます。1周では物足りないと思うので、3〜5周くらいは歩いてみましょう。速足で歩けば軽く汗ばむ程度の運動になります。

利根川水際から歩き始める❶

石畳は足場の悪い登山道に類似❷

道路をくぐってさちの池側に❸

幅の広い公園内散策路は早歩き気味に❹

段差の広い階段を一気に上る❺

上段の公園❻

最上部の堤の上まで一気に登る❼

高崎観音山丘陵

　高崎市西部に広がる標高200m程度の丘陵です。高崎市の旧市街西部に広がる高崎観音山丘陵にはちょっとしたハイキングが楽しめる散策路が多数設置されています。ここでは最もアクセスがよいと思われる清水寺の参道を紹介しますが、類似のトレーニングコースは少林山や観音山ファミリーパーク周辺などに多数見い出すことができます。居住地からのアクセスやトレーニング時間に合わせて最も都合のよいところを選び、頻繁に通うトレーニングコースとして利用するとよいでしょう。

紹介コース

清水寺コース

体への影響度　心肺機能 ✚✚✚　筋骨格系 ✚✚✚　バランス ✚✚✚

● コースデータ…標高差90m、距離（片道）400m、標準タイム（片道）10分
● アプローチ…車道1km以下　※最終駐車スペースから登山口まで

コースの特徴

　階段と森の中の散策路をつないで往復20分程度のエクササイズコースになります。単純な往復では物足りない場合、白衣観音から染料植物園を周回してくるコース、観音山野鳥観察路などを追加すると、時間も運動の負荷量も2倍程度に膨らませることができます。

● コース時間目安

清水寺石段下❶ ┈ 5〜8分 ▶ 清水寺本堂❷
┈ 2〜5分 ▶ 水道施設公園❸

出だしの緩傾斜では体をほぐし
ながら徐々にスピードアップ

登りつめたら呼吸を整えて
直ちに下りの練習へ

呼吸を整えながら急な階段も
ペースを落とさずに歩行

時間があれば染料植物園まで
足を延ばしてもうひと運動

清水寺参道入り口の石畳❶

出だしの石階段❷

中間点付近の平坦地❸

　清水寺石段下には石畳の参道があり、この付近がスタート地点になります❶。石畳道を軽く体をほぐしながら歩き始め、階段に向かいます❷。階段の下半分は緩傾斜で、後半は傾斜が急になります。中間点の少し手前に平坦部分があり、小さなお堂が立っています❸。階段下半分で登りのペースを調整し、後半の傾斜が急になる部分でもできるだけ速度が落ちないように歩いてみましょう。最後の方は大腿前面の筋肉を使って脚全体を大きく振り上げる運動になります❹。一汗出始める頃に本堂に到着します。本堂で呼吸を整えたら、右手の舗装道を白衣観音方面に向かいます❺。すぐに左側の松林の公園が見えてきます。舗装道から公園に入るとその最上部に水道施設があります。ここがこの

コースの最高地点になります❻。

　下りでは、本堂直下の急傾斜階段で下りの体勢の取り方が訓練できます。目の位置と足の着地点が遠くなっていますから、膝に余裕を持たせ、重心を低めに保つことで体のバランスを保持することができます。しっかりした手すりが設置されていますので、それらもうまく活用して安定した歩行が一定のペースで続けられるように練習しましょう。

　単発の往復で物足りない場合は、数往復繰り返すことで、ちょっとした半日コースと同レベルの運動をすることができます。また、白衣観音北側の野鳥観察路はほぼ登山道状態となっており、清水寺コースから土産屋さん街を通って野鳥観察路とつなげることで、さらに登山気分を盛り上げてトレーニングすることができます。

上部の傾斜の急な石段❹

清水寺から水道施設公園へ❺

コース最高地点❻

公園入り口から白衣観音を望む❻

太田金山

　典型的な太田市の里山で、ハイキングコースが複数整備されています。市街地から車で5分というアプローチの好条件から、頻繁に通って日々の体力増強の場とするにはもってこいの場所です。暗くなってから歩く練習や荒天のなかでの活動の練習などにも適しています。

紹介コース

東山＋西山コース

- コースデータ…標高差200m、距離（周回）3km、標準タイム（周回）60分
- アプローチ…車道1km以下　※最終駐車スペースから登山口まで

コースの特徴

　1時間程度の軽いエクササイズコースとして東山＋西山の周回コースを紹介します。山頂に伸びる中央の車道を挟んでいくつも踏み跡や整備されたトレイルがありますので、その時々の目的に合わせて自由にコースを調整することが可能です。

● コース時間目安
金龍寺❶ …… 10〜20分 …… ▶ 東山山頂❶
…… 10〜20分（御城橋経由） ▶ …… 10〜20分 …… ▶
西山山頂（新田神社）❶ …… 10〜20分 …… ▶ 金龍寺❶

コース説明

　太田大光院（呑竜様）の北側に金龍寺があります。この辺りには道路に接して複数の駐車スペースがあります。金山山頂に向かう道路から親水公園に向かう車道が分岐する地点に「万葉碑」経由で東山山頂に向かうトレイルの入り口があります❶。トレイルはよく踏まれていて、ところどころ木のステップが作られています。稲妻形に傾斜を緩めてありますので、歩きやすいと感じられるペースで一気に山頂まで登りましょう。山頂に到着する直前に西山方面への分岐がありますが❷、まずは山頂まで進みましょう❸。山頂に到着する頃に少し汗ばむ程度のペースが適切といえるでしょう。

　山頂で呼吸を整えたら、少し戻って御城橋経由で西山に向かいます。こちらもよく整備されたトレイルでほぼ平坦ですので、トレラン気分でペースを上げることができます❹。御城橋の少し手前にミニガレ場がありますから、足を取られないようにペースを若干落として通過しましょう❺。御城橋を渡るとなだらかな登りになりますが、たいした傾斜ではないので、ペースを落とさずに西山山頂まで一気に進みたいところです。石垣跡が見える辺りから傾斜が強まります❸。そして、新田神社手

金龍寺上の登山口❶

東山頂上手前の分岐点❷

西山山頂手前の石垣跡❸

新田神社へ向かう階段❹

山頂付近の城址公園❺

前はやや急な階段です❹。急坂を登るために必要な大腿部前面の筋肉群を鍛えるなら、この辺りの坂をうまく使うとよいでしょう。

　山頂の新田神社から大光院方面へはほぼ平坦な尾根が続いています。城跡の遺跡散策路となっているため、よく整備されています❺。走り抜けることもできますが、観光散策の方とのすれ違いには気をつけましょう。モータープールと名付けられた山頂の駐車場から南へは、やや急な下りとなります❾。ちょっとした露岩や木柵の階段がありますので、歩幅をうまく調節しながら通過しましょう。膝に余裕を持たせ、上半身の動きを膝関節の屈曲度調節で吸収しながら下るとバランスを崩さず、ペースも乱さずに進むことができるでしょう。

　大光院方向と金龍寺方向が分岐する点からはほぼ終盤です❻。しっかりと踏まれていますが、一部滑りやすい砂礫もあるので、スピードの出し過ぎには注意が必要です。膝関節への衝撃が大きくなりすぎない程度のペースで下りましょう。

金龍寺方面と大光院方面の分岐点❻

大光院裏の登山口❼

多様なバリエーションを楽しめる身近な百名山
赤 城 山

黒檜南階段より富士山を遠望

黒檜山

　赤城山黒檜山は赤城山の最高点であるため、最も人気のあるピークです。しかし、山頂まで森に覆われていて、一部のポイントを除けば展望が優れているとは言えません。一般的な登山道は、大沼周回道路と沼田への県道の分岐点から急な山稜を直登するコースと、覚満淵北端から大沼側に300mほど進んだ地点から駒ヶ岳を経由するコースの2つです。最短コースの往復をトレーニングとして行う場合と、2つのコースのうち、一方を登りに、他方を下りに使い、湖畔の道路を15分程度歩いて周回する場合があります。

紹介コース

①大沼からの直登コース

②駒ヶ岳経由コース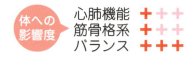

早朝の猫岩付近から赤城大沼と地蔵岳を展望

①大沼からの直登コース

- コースデータ…標高差450m、距離(片道)1.2km、標準タイム(片道)70分
- アプローチ…車道1km以下　※最終駐車スペースから登山口まで

コースの特徴

　足場の不安定な急斜面を上り下りするコースです。標高が1800m以上ある日本百名山にしてはアプローチが容易で、シーズンを変えて繰り返しトレーニングするのに向いています。1年を通じて通えるエリアで、雪山歩きに慣れた人には冬季の積雪後のほうが足場が安定して登りやすい感じがするでしょう（気温が低いので車の運転にはくれぐれも注意が必要です。前橋方面から大沼に下る車道では頻繁にスリップ事故が起きています）。

　直登コースは、岩のゴロゴロした急な尾根とその北側斜面を組み合わせ

て設定されており、コースの特徴は繰り返し現れる急坂と、足場の悪いガレ場です。従って、登りに使う場合、急坂の登りに用いる筋肉群と心肺機能が訓練できます。下りではぐらぐらした岩の急坂を下ることになるため、バランス感覚や、立ち木やストックをバランス保持に使う時の腕や手の筋肉群が強化されます。

●コース時間目安
登山口ⓐ ……10〜20分…… ▶ 猫岩ⓑ
……20〜30分（北面樹林帯パート１）……▶ 尾根上平坦地ⓒ
……10〜20分（ガレ溝急登）……10〜20分（北面樹林帯パート２）
……▶ 頂上稜線分岐点ⓓ ……5分……▶ 黒檜岳山頂ⓔ

　直登コースをパート別に見てみましょう。登山口からいきなり急坂で始まります❶。しかも、足場は大岩が重なったような状態で、決して歩きやすいとはいえません。雨の後や朝露で濡れている状態では極めて滑りやすくなります。5分ほどでいったん傾斜が緩みますが、もう一回足場の不安定な急登となります。手が汚れることを気にせずに、しっかり岩や立ち木をつかんで安定を図りながら歩く必要があります。景色の開ける尾根まで10分程度ですが、出だしとしてはかなりキツイと思います。心拍数を気にしながらペースを調整してみてください。

登山口❶

　尾根に出てから猫岩の標識まではわずかの距離ですが、尾根上の足場の安定しない岩場となっています❷。バランス能力と腿上げ動作の筋肉が鍛えられます。ここで尾根から北面の樹林帯に回り込み、コケむしたガレ場状の斜面を登ります。ところどころ踏み跡が分かれますが、上に向かって行くとどこを歩いても合流します。立ち木を頼りにヨイショと体を持ち上げる場所がたびたび登場します。上りでも下りでも腕力の出番があります。また、足元の岩は不安定なものも多く、濡れていると

大沼・地蔵岳方向の展望❷

大変滑りやすくなります。バランス能力の強化に好都合な地形です。視界は開けず、風通しも悪いのでこのコースでは一番つらく感じるところかもしれません。次第に尾根に伴走するようになってから尾根の平坦部に出ます❸。

中間平坦部❸

　尾根の平坦部が数十m続き、大岩の脇をすり抜けると再び急登になります。尾根に忠実に登りますが、その分傾斜は急で、足場は溝状に掘れたガレ場になっています❹。数カ所大きなギャップがあり、立ち木や木の根をつかんで体を持ち上げる必要があります。この辺りも足を高く上げるための大腿部・股関節の筋肉が鍛えられます。また、腕力も使います。

後半ガレ場の出だし❹

下りでは、大きな段差を下りる能力が鍛えられます。

　約10分少々の急登の後、傾斜が緩みますが、まだ数カ所傾斜の強いところ、段差などが現れます。頂上が近い予感がしますが、さらに10分程度の登りがあります。そして傾斜が緩むとトラバース気味に頂上尾根との合流点に到着します❺。ここからは北へ進路を変え、平坦な道を数分で山頂となります。身体的ストレスが急になくなり、お散歩気分で山頂に到着します❻。

黒檜山頂❺

②駒ヶ岳経由コース

●コースデータ…標高差450m、距離（片道）2.2km、標準タイム（片道）90分
●アプローチ…車道1km以下　※最終駐車スペースから登山口まで

コースの特徴
　黒檜山直登コースに比べ距離は約2倍ありますが、その分傾斜は緩く、登り出しと山頂手前の傾斜の急なところには階段が設置されています。中間部は笹の草原状の尾根道で、東側が遠望できます。駒ヶ岳前後に多少のアップダウンがありますが、距離も短く苦になるほどではありません。

●コース時間目安
覚満淵北登山口❻ …… 20〜30分（後半は鉄製アングル階段）
……▶ 尾根（クマザサ尾根1）❼ …… 15〜25分 ……▶ 駒ヶ岳❽
…… 10〜20分（クマザサ尾根2）……▶ 尾根上鞍部❾
…… 20〜30分（木のステップ）
……▶ 黒檜南ピーク（前黒檜山：神社奥宮）❿
…… 5分 ……▶ 黒檜岳山頂❺

覚満淵北登山口❻

尾根上の草原❼

　登り出しは樹林帯のなだらかな坂で始まりますが❻、すぐに稲妻形につけられた尾根側壁のジグザグ登りになります。足場は比較的良好で、傾斜もほどほどです。中途から傾斜が増しますが、鉄製のアングルと手すりが取り付けられていて、特に不安定感なく尾根に飛び出します❼。大腿部の筋肉を使った腿上げ運動のトレーニングになります。
　尾根に出ると草原状で、東側の視界が開け、高原の散歩気分になります。傾斜も駒ヶ岳山頂まであまり気にならない程度です❽。負荷をかける意味では、少しスピードを上げて歩いてみるとよいでしょう。駒ヶ岳からは笹原につけられた溝状の下

りになります❾。ここも傾斜はさほどでなく、足場も比較的安定しています。小ピークを越えると最低鞍部になります❿。最低鞍部からは登りが次第に急になり、ほどなく木製の階段が現れます。階段の間隔が広めなので、歩幅を合わせるのに若干苦労するかもしれませんが、足場は終始安定していて、傾斜が急なもののバランス保持は容易でしょう⓫。ここでも大腿部の筋肉を使った腿上げ運動のトレーニングが行えます。一部、手で立ち木をつかんでよじ登るような部分もありますが、距離はわずかです。ひと登りで鳥居と石祠のある黒檜山の前衛ピークに着きます⓬。大沼を見下ろすことができ、北西以外の視界は良好です。さらにほぼフラットな稜線を北へ5分で山頂に到着します。

　このコースを下りに使う場合、両端の急坂下りではバランス訓練ができます。土留めの木枠や鉄製アングルに歩調を合わせる必要があるので、決して歩きやすくはありませんが、両端の立ち木や手すりをうまく使うことで転倒防止がはかれます。下りよりも上りに使う方が容易に感じるかもしれません。

　上り下りを別コースとするのであれば、上りを直登コース、下りを駒ヶ岳経由コースにする方がよいでしょう。直登コースのほぼ一本調子の急傾斜を登ることで心肺機能と腿上げの筋肉群が鍛えられます。また、駒ヶ岳コースの階段下降や緩傾斜歩行、木枠の登りなどでバランス力や速歩力を鍛えられます。

駒ヶ岳山頂❽

駒ヶ岳北階段❾

中間部平坦地❿

黒檜南階段⓫

見晴らしのよい前黒檜山⓬

地蔵岳

　赤城山地蔵岳は赤城山のなかでは容易なピークです。以前は、山頂直下までロープウェイが架けられていましたが、現在は完全に撤去されています。山頂には電波塔が林立していますが、関東平野の視界は良好で、空気の澄んだ冬場や夜の景色は見事です。

　一般的な登山道は、小沼側の八丁峠から直登するコースと、見晴山側から登るコースです。大沼南西側の周遊道からのコースは、国土地理院の地図上では複数ありますが、現在は大沼湖畔に下る道路の向かい側のもののみ明瞭です。見晴山駐車場からのコースは新坂平からのコースと地蔵岳中腹で合流します。赤城山第一スキー場ファミリーゲレンデの上から旧ロープウェイ下を通るルートもありますが、ほぼ廃道状態です。赤城山第一ゲレンデから小沼方面に進み、地蔵岳の南東面を巻いてから小沼側のコースに合流するコースは、かつての冬場のスキーコースで、現在も積雪期にクロスカントリースキーやスノーシューハイクに利用されています。少し軽過ぎるトレーニングコースですが、時間のないときや悪天候の時にとりあえず体を動かすためにはお手軽なピークです。

　また、山頂で軽過ぎると感じたら、登りとは別のコースで一度下り、再度登り直して、出発点に戻るといった工夫で負荷を増やすことも考えましょう。

朝もやの地蔵岳登山道（新坂平登山口）

紹介コース

①小沼側八丁峠コース

②大沼側コース

③見晴山側コース

①小沼側八丁峠コース

- ●コースデータ…標高差150m、距離(片道)0.5km、標準タイム(片道)30分
- ●アプローチ…車道1km以下　※最終駐車スペースから登山口まで

コースの特徴

　車を小沼西の八丁峠付近に止めれば、短時間の極めて容易なコースです。足場の悪いところはほとんどありません。体を鍛えるという意味ではお手軽過ぎるので、数往復するか、別のピークと合わせるのが良いでしょう。さらに傾斜の緩い長七郎山と組み合わせると、距離は約倍になりますので、傾斜が苦手な人が徐々に足腰を鍛える場合の入門コースとして優れています。

●コース時間目安
小沼側八丁峠登山口ⓐ ……30〜40分……▶ 地蔵岳山頂ⓑ

　小沼側のコースは、出だしすぐで草原状の斜面につけられた木道の階段になります❶。傾斜は階段の後半でやや急になり、腿上げ運動になりますが、すぐに斜めトラバースに移行します❷。森の中に入り、稲妻形につけられたジグザグ道を程よい傾斜で登って行くと、ほどなく視界が再度開け、平坦な道になります。ツツジの間につけられた木道になり、そのまま電波塔下を斜上するとすぐに山頂です。山頂からは大沼が真下にのぞめます。後半部はコース上にこれといった特徴がない分、一定のペースで歩く練習に向いています。下りでも不安定なところはほとんどなく、山歩きを始めた人が最初に足慣らしをするのに良いコースです。季節にかかわらず悪天候の時にもきびしさはほとんど感じないでしょう。ほかの山に行くのが不安な時の代替えコースとしても使えます。全体を休憩なしの1ピッチで歩けるでしょう。気象条件等の外部要因の影響を受けづらいので、時間を測定し、前回までと比較するには好都合のコースです。

八丁峠登山口❶

八丁峠から続く木階段❷

②大沼側コース

- コースデータ…標高差320m、距離(片道)0.8km、標準タイム(片道)40分
- アプローチ…車道1km以下　※最終駐車スペースから登山口まで

コースの特徴
　コンパクトながら急傾斜歩行のトレーニングができるコースです。道路から尾根上の平坦地まで1ピッチで休まずに歩けるペースを保ってみましょう。

●コース時間目安
大洞駐車場❸ ……30～50分……▶ 地蔵岳山頂❺

　大洞駐車場からのコースは、森の中の急傾斜道です❸。傾斜は出だし標高差250mの間ほぼ一定です。少しきつい腿上げ運動になりますが、休まずに歩き続けられるペースを保ちましょう。いったん傾斜が緩みますが、すぐにもう一段林間の急な登りになります。再度傾斜が緩み始めるとすぐに尾根上の平坦地です❹。わずかな下りで平坦地が終わると、ややブッシュのうるさい最後の登りになります。傾斜は前半程ではないので、ペースを落とすことなく、山頂まで行けるでしょう。旧ロープウェイ駅の石垣手前はガレ場状で少し歩きにくくなりますが、距離はわずかです❺。下りにこのコースを使用する場合、下部の急傾斜地は膝や足関節に少し負担になります。登山道脇のブッシュをつかみながら足への衝撃を緩めるとよいでしょう。ただし、ブッシュの立ち木が頼りになる強度とは限らないので、頼り過ぎも禁物です。バランスを取るため程度のつかみ方にとどめるのが転倒防止のコツになります。

大沼南(大洞)登山口❸

中段平坦部❹

頂上直前の石の重なる登山道❺

③見晴山側コース

- ●コースデータ…標高差320m、距離(片道)2.2km、標準タイム(片道)60分
- ●アプローチ…車道1km以下　※最終駐車スペースから登山口まで

コースの特徴

　大沼側の駐車場から直接地蔵岳山頂を目指すコースよりも遠回りする分、傾斜は緩くなります。前半を散策気分で歩くことで、準備体操ができます。段階的に傾斜が強まるので傾斜と心肺機能への負荷の関係を感じ取ることができるでしょう。頂上手前の150mぐらいの標高差が心肺機能のトレーニングになります。

●コース時間目安

大洞駐車場 ❸ ……10〜20分…… ▶ 俳句碑遊歩道入り口 ❹
……10〜20分…… ▶ 見晴らし山駐車場 ❺
……20〜40分…… ▶ 地蔵岳山頂 ❻

　大洞駐車場から舗装道路沿いの歩道で前橋方面に戻ります。句碑が多数立てられている散策道に入ると少しずつ傾斜が強くなっていきます❶。見晴らし山登山口のすぐ手前でほぼ直角に道が分岐し、地蔵岳山頂を目指します。しかし、その先もしばらくは緩傾斜でスピードを上げて歩くことができます。足元もしっかりしているので、脈拍が上がりすぎない程度まで

負荷をかけるつもりで歩くとよいでしょう。新坂平方面からの道と合流すると、傾斜がもう一段きつくなります❷。ここではまだ、あまりペースを落とさないで歩くように心がけるとよいでしょう。頂上が近づいてくると一気に傾斜がキツくなり、同時に足元も石がゴロゴロした不安定な状態になります。ここでペースを落とし、頂上まで休まずに歩ける速度に調節するとよいでしょう。急傾斜部の距離は決して長くないので、疲れたと思う前に頂上平坦地に飛び出すことができます❸。平坦地に出たら、呼吸を整えながらペースを上げて頂上まで歩き切ります。このコースを下りに使う場合は、頂上平坦地からの急坂を安定した体勢で下れるかがポイントです。足元がゴロゴロした石で、バランス保持とスピードコントロールの双方に気を配る必要があります。しかし、この部分を除けば安定した登山道なので、トレラン風にスピードを上げて歩くこともできるでしょう。なお、新坂平から登るコースは見晴山駐車場から登るコースと、新坂平から1.2km、見晴山駐車場から1.5kmの地蔵岳中腹で合流します。どちらも笹原に付けられたしっかりしたコースで、雰囲気も心肺機能への負荷量もほぼ同じです。

俳句道出だし❶

新坂平口と見晴らし山口の分岐点❷

地蔵岳山頂❸

鈴ヶ岳

　赤城山鈴ヶ岳や大沼北側の小ピークは赤城山の他のピークとは離れており、訪れる人の比較的少ない静かな山です。コースも一本調子の登り下りではなく、登り下りが何回も繰り返し現れます。一般的に、下りの途中で少しの登りがあると非常に疲れる感じがしますが、これらコースではそうした運動方向の変化を何回も体験でき、小振りのコースながら長い縦走コースの練習としてよい環境を提供してくれます。また、鈴ヶ岳最後の登りは傾斜も急で、岩場も交えており、トレーニングコースとしてはバラエティーに富んだ構成となっています。

　鈴ヶ岳と鍬柄山の鞍部には鈴ヶ岳を北回り、あるいは南回りして西側の深山集落に下りるコースの分岐があります。あまり利用されないコースですが、この北回りコースを使うと大沼北側の外輪山尾根にコースをつなげることができます。かなり長くなりますが、その先、時々舗装道路に下りつつも黒檜山、駒ヶ岳、長七郎山、地蔵岳と回ると、最後は新坂峠に到達します。距離約15km、累積標高差約1200mのミニトレランコースとなりますので、持久力に自信がついてきたら試してみるとよいでしょう。交通量の多い道路に時々下りるので、体力に不安を感じたら途中でやめることも容易です。

紹介コース

新坂平コース

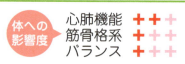

鈴ヶ岳山頂

新坂平コース

- コースデータ…標高差 累積 350m、距離（片道）1.6km、
  標準タイム（片道）90分
- アプローチ…車道1km以下　※最終駐車スペースから登山口まで

コースの特徴

　鍬柄山と鈴ヶ岳の登りは傾斜がきつく距離は短いものの、登りのよいトレーニングができます。鍬柄山の南からの道は直登コースと電光型コースがあるので、登りは直登、下りは電光型コースを選択するとよいでしょう。帰りの鍬柄山の登りは鈴ヶ岳からの下りから一気に登りに変わるので、足がとても重く感じます。長い縦走コースではしばしば体験されることなので、このミニ縦走で縦走時の注意事項としてしっかり体に覚えさせておきましょう。

- コース時間目安
  登山口ⓐ …… 10〜20分 ▶ 姥子峠ⓑ …… 15〜25分 ▶ 鍬柄山ⓒ
  …… 15〜25分 ▶ 大ダオⓓ …… 15〜25分 ▶ 鈴ヶ岳山頂ⓔ

牧場上の平坦な道❶

鍬柄山の急登ガレ場❷

鍬柄山からの下り痩せ尾根❸

鈴ヶ岳山頂手前鞍部の平坦地❹

鈴ヶ岳山頂手前の岩場❺

　コースは、赤城南面道路の新坂峠から始まります。赤城白樺牧場の牧柵の外側をたどるコースになるので、所々で登山道脇に有刺鉄線が張られており、引っかからないように注意が必要な所もあります。出だしの尾根に上がるまでの急坂は電光型に傾斜を落としたコースも造られています。10分足らずですが出だしからいきなりなので、心拍数の上昇には注意したいところです。尾根に上がると傾斜は緩み、平坦地やちょっとした下りなどを交えた散策道になります❶。踏み跡が交錯する場所もあるので尾根を忠実にたどるのがよいでしょう。鍬柄山手前最低鞍部への木の根の這う下り坂は少し痩せていて、足元に注意が必要です。両脇に支えになる木がたくさん生えているので、手の力で体のバランスを取りながら下る練習になります。

　最低鞍部の草原からは鍬柄山への急な登りが始まります。この登りにはまっすぐ登るコース❷と電光型に傾斜をかわすコースが造られています。トレーニングとしては登りは直登、下りは緩傾斜の電光コースをお勧めします。傾斜は急ですが距離が短いので急登のペース配分を試すには好都合なポイントといえます。心拍数を気にしながら一気に登り、時間を厳密に計ってみましょう。鍬柄山山頂はコース随一の展望ポイントとなっています。

　鍬柄山からの下りはやや足元の不安定な急坂になります❸。手で立ち木をつかみながらバランスを取る能力の強化に向いています。ここも距

離は短いので、いろいろな下り方で足腰への影響を試してみるとよいでしょう。急傾斜地の下りでも膝を落として、大腿部の筋肉をしっかり使って下ることで足元が安定することを実感できます。ストックの長さと重心の位置の関係、バランスへの影響を試すのにも好都合の傾斜になっています。最低鞍部からは徐々に傾斜が強まり鈴ヶ岳山頂への最後の登りとなります❹。大岩を越えて進むポイントでは登りのペースが乱れやすいですが、傾斜の変化に合わせてペースを調整し、心拍数が常時一定になるように登るコツを修得しましょう❺❻。山頂は石碑が林立した大岩の広場になっていますが、視界は良好とはいえません。北側に深山集落に下る踏み跡もありますが、読図と藪歩きの練習目的以外では安易に入り込まない方がよいでしょう。

　一般的には下りも往路を戻ることになります。鈴ヶ岳山頂や鍬柄山からの下りは、足場の悪い急坂下りの練習になります❼。距離が短いので、膝に余裕を持たせて一歩一歩確実に足を進めるトレーニングをするにはもってこいです。下りの途中に何度か登りが現れるので、上り下りが入れ替わる場合のペースの調整を工夫しましょう。下りの途中に登場するちょっとした登りが非常に疲労感を生じさせることが実感できるでしょう。長大な尾根縦走などでのペース配分の練習として、心拍数の変化を意識しながら歩きましょう。

鍬柄山頂南の急坂上部を振り返る❼

鈴ヶ岳山頂手前岩場からの見晴らし❻

大沼北尾根（陣笠山・薬師岳）

　大沼の北に位置する比較的なだらかな尾根です。陣笠山、薬師岳、出張山などの小ピークがあり、あまりきつすぎない範囲での登り下りの練習に向いています。途中に下の保養施設団地から延びる枝コースが複数あるので、天候や体調に合わせて歩行距離を調節しやすいのも特徴です。少し道路を歩くことになりますが、黒檜山の往復と連続させたり、大沼回りのピーク（黒檜山、駒ヶ岳、長七郎岳、地蔵岳、出張山、薬師岳、陣笠山）を全て回るトレランコースに仕上げることも可能です。

五輪峠・出張峠周回コース

体への影響度
心肺機能 ＋＋＋
筋骨格系 ＋＋＋
バランス ＋＋＋

陣笠山頂上

薬師岳頂上

五輪峠・出張峠周回コース

- コースデータ…累積標高差230m、距離(片道)3.9km、標準タイム(片道)110分
- アプローチ…車道1km以下　※最終駐車スペースから登山口まで

コースの特徴

このコース単独では大きな体力的負荷にはなりませんが、途中に現れる下段保養施設団地へのエスケープコースを使って縫い針状に登り下りを繰り返したり、黒檜岳や地蔵岳への登山と繋げることで負荷量を段階的に増加させることが可能です。

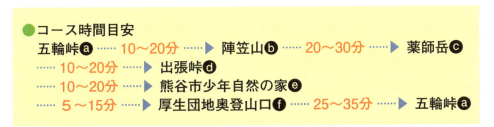

● コース時間目安

五輪峠ⓐ …… 10〜20分 …… ▶ 陣笠山ⓑ …… 20〜30分 …… ▶ 薬師岳ⓒ
…… 10〜20分 …… ▶ 出張峠ⓓ
…… 10〜20分 …… ▶ 熊谷市少年自然の家ⓔ
…… 5〜15分 …… ▶ 厚生団地奥登山口ⓕ …… 25〜35分 …… ▶ 五輪峠ⓐ

　五輪峠からの入り口は丈の高い笹でコースが判別しにくくなっています❶。笹藪のルートファインディング能力が鍛えられます❷。1475mのピークを越えると一気にコースが明瞭になり、トレラン気分で走ることも可能です。薬師岳の登りは岩や木の根が重なる構造になっており、距離は短いものの、このコースの中では山らしいところです。大腿前面の筋肉群が活

躍するところです。その先、野坂峠から出張山までもなだらかな草原の尾根歩きで、足元もしっかりしていることから、スピードアップして歩く練習に最適です❸。出張山からの下りにはロープと鎖がついていますが、よほど地面が滑りやすい状況でない限り、つかむ必要はないでしょう。出張峠で深山集落へと続く長大な林道コースと分岐します❹。大沼側への下りは木柵の階段を快調に歩けばあっという間に熊谷市少年自然の家です。ここからはしばらく舗装道路を歩く（走る？）ことになります。熊谷市少年自然の家の裏手と東にそれぞれ尾根に上がるコースがあります。いずれも下部は少しコースが判別しづらくなっていますが（どこでも歩けるため）、すぐに明瞭なハイキング道になり、上段の尾根に戻ることができます。舗装道路を東に向かうと厚生団地のほぼ最奥部に陣笠山の東で尾根に上がる山道が現れます❺。ここから尾根上までは標高差が100m弱ですので、休憩を入れずに一気に登ってしまいましょう。尾根からは再度1475mのピークを経て、笹を漕いで五輪峠に戻ります。

県道からの笹をかぶった登山口❶

尾根上の歩きやすい登山道❸

出張峠からの下り❹

陣笠山の緩い登り❷

保養施設団地からの登り口❺

鍋割山

　赤城山鍋割山は赤城山のピークの中で関東平野から最も明瞭に確認できるピークです。標高こそ赤城山の最高点よりはかなり低いものの、急傾斜で一気に「伏せた鍋の底」にあたる平坦地まで登る形状はとても印象的です。

　北側の荒山高原から小ピークをいくつか経由して鍋割山頂に到達するコースは、姫百合駐車場からの荒山ピークの往復と組み合わせて歩くことが多いようですが、荒山高原から鍋割山頂までは標高差100m、水平距離約1.4kmです（荒山高原までは後述）。荒山高原からのやや急な坂を南に登ってしまえば、後はなだらかな高原の散策コースになります。

　一方、傾斜地歩きのトレーニングのためには、南側山麓の国立赤城青少年交流の家および赤城国際ゴルフ場の上の林道から、一気に急傾斜を登るコースが愛好されています。ほぼ平行する、獅子ヶ鼻コースと鍋破山前不動コースの2コースがありますが、整備状況は前者が良好です。

岩陰に立てられた鍋破山前不動

紹介コース

①獅子ヶ鼻コース

体への影響度
- 心肺機能
- 筋骨格系
- バランス

②前不動コース

体への影響度
- 心肺機能
- 筋骨格系
- バランス

③荒山高原コース

体への影響度
- 心肺機能
- 筋骨格系
- バランス

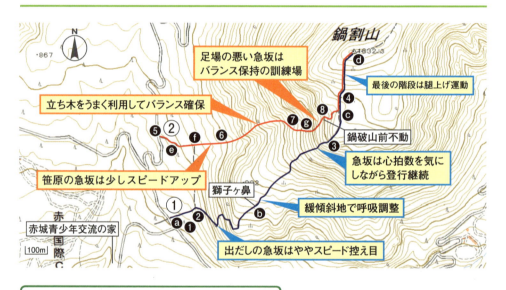

①獅子ヶ鼻コース

- コースデータ…標高差 530m、距離(片道) 1.3km、標準タイム(片道) 80 分
- アプローチ…車道 1 km以下　※最終駐車スペースから登山口まで

コースの特徴

　獅子ヶ鼻コースは急登、平坦、急登、平坦、階段急登といくつかのパーツに明瞭に分かれています。傾斜の違いによる歩き方の違い、体への影響の違いを実感するには好都合です。南面でほとんど降雪の影響を受けることがないので、通年安定した練習が可能です。赤城山の最高点から離れているので、山頂からの展望が優れている割には遠方からの訪問者は多く

ありません。混雑に煩わされることがなく、地元の人たちの鍛錬の場所になっています。

> ●**コース時間目安**
> 駐車場❶ …… 20～30分 …… ▶ 獅子ヶ鼻❶ …… 20～30分
> …… ▶ 鍋破山前不動コースとの分岐❶ …… 10～15分 …… ▶ 鍋割山頂❶

ルートは、赤城南面を横断する林道脇から始まります❶。ほぼ平坦な道を北へ進むと鍋破山前不動コースへの連絡道が分岐します❷。分岐からは急な斜面を斜上する急坂が始まります。体が登りに慣れる前に急傾斜になるので、傾斜度以上に感じるかもしれません。大岩を越えるところが何カ所かあるので、足を止めて腕を使うことになりますが、登りのペースを調整するには良いポイントです。一汗かき始める頃に傾斜が一気に緩みます。この辺りが獅子ヶ鼻と呼ばれる高原で次の急傾斜に備えて息を整えるようにペース配分できます。草原から樹林帯に入るとガレ場の急登になります。足元の石も不安定なものが多く、バランス感覚の強化にもなります。急登の後半には固定ロープが何本か下がっていますが、登りでは足元を慎重に選ぶことに集中しましょう❸。下りでこのルートを使う場合は転倒防止の意味でロープを補助的に使うとよいでしょう。固定ロープが終わるとすぐに平坦からやや下りになります。ここでまた息を整え、心拍数を少し下げておきましょう。鍋破山前不動コースへの下りを西に分けると階段が始まります❹。木枠の間隔が細かく、間の土が流れているところも多いので、少し歩きにくく感じるかもしれません。特に長丁場ではないので、階段の途中で止まらずに、一気に鍋割山頂まで登り切れるペースを試してみることをお勧めします。

ゴルフ場上の登山口❶

低い笹原の階段から始まる❷

大岩の重なる後半急登❸

山頂手前の草原❹

②前不動コース

- ●コースデータ…標高差 500m、距離（片道）1.0km、標準タイム（片道）85分
- ●アプローチ…車道 1km以下　※最終駐車スペースから登山口まで

コースの特徴

　鍋破山前不動コースは急登、急登、階段急登と手がかり無しで歩ける限界に近い傾斜の歩行を体験できる珍しいルートです。急傾斜での登り下りの歩き方、心肺機能が耐えられる歩行スピードなどを効率的に体得することができます。森林の中をほとんど歩きますが、降雨中や降雪後は急傾斜を滑らずに歩くことが困難となる地点があります。平行する獅子ヶ鼻コースよりも通行者が少ないため、整備状況もいまひとつで、踏み跡が枯れ葉で埋もれて判別しづらくなることもあります。黙々とトレーニングに励む篤志家向きコースです。

●コース時間目安
　林道脇登山口❺ …… 5分 ▶ 獅子ヶ鼻コースへの連絡道分岐❻
　…… 50分 …… ▶ 鍋破山前不動❼ …… 15～20分
　…… ▶ 獅子ヶ鼻コースとの合流点❸ …… 10～15分 …… ▶ 鍋割山頂❹

林道脇の登山口❺

しばらくは笹の間の急登❻

　林道脇の登山口からコースが始まります❺。広い緩斜面を少し歩くと、すぐに獅子ヶ鼻コースへの連絡道が東に分岐します。篠笹の刈り払われた登山道を直進すると次第に傾斜がキツくなってきます❻。いったん傾斜は緩み、大岩の見え隠れする小尾根を東に見ながら、山腹を斜上していきます。所々、枯れ葉でコースが分かりにくい部分があります。再度傾斜がきつくなり、急傾斜で足をフラットに置けないような細い踏み跡状の部分もあります。固い残雪をトラバースするような要領でバランスを取りながら歩く練習ができるでしょう。もちろん、足を滑らせないように十分な注意が必要です。傷んだ工事用ロープが所々残置さ

れていますが、途中で切れていたり、芯だけになっていたりするので、体重を預けない方が良いでしょう❼。もう限界というくらい急な地点を過ぎると、ポッと不動明王の像の前に飛び出します❾。急坂はもう一段続きますが、すぐに電光型の登山道が明瞭になり、小尾根を越えると平坦地に出ます❽。石碑を左に見て灌木をくぐるように進むと獅子ヶ鼻からのコースと合流です❸。ここからはひたすら山頂を目指して木枠のついた階段をせっせと登りましょう。傾斜はそれなりにありますが、鍋破前不動前後の急坂に比べればはるかに歩きやすく感じられるでしょう。心拍数を気にしながら、途中で立ち止まらずに山頂まで登り終えることができるペースを保ちましょう。
（注意：このコースを下山に使う場合は転滑落に十分な注意が必要です。特に降雨降雪後は非常に足場が悪くなります）

不動明王の前後は足場が悪い❼

頂上手前の石碑❽

③荒山高原コース

●コースデータ…標高差 100m、距離(片道) 1.4km、標準タイム(片道) 40 分
●アプローチ…姫百合コースもしくは宮城口コースで荒山高原まで

コースの特徴

　荒山高原から緩いスロープで一段高い小ピークに上がるとその上は鍋底のほぼ平らな高原散策路です。小さな起伏がありますが、道もよく踏まれていて、スピードを上げて走り抜けることも可能です。前記南面からのコースに距離の要素を加えるために追加するとか、姫百合駐車場から荒山を往復するコースに負荷量アップのために追加するなどの利用法も考えられます。無雪期は歩きやすいですが、降雪後は風の影響で雪が不均一に積もるため、予想外に時間がかかることがあります。

●コース時間目安
荒山高原十字路❶ …… 15〜20分 …… ▶火起山❷
…… 5〜10分 …… ▶竈山❸ …… 10〜20分 …… ▶鍋割山頂❹

姫百合コースもしくは宮城口コースから荒山高原に登ります。荒山とほぼ対称方向に一段高いピークが見えます❶。荒山高原で呼吸を整えたら、このピークを登り始めましょう。標高差は 100m 程度で、緩い稲妻形に登山道が付いているため、傾斜も決して急ではありません❷。休みを入れずに歩き続けられるペースで登り切りましょう。このコースで心肺機能に負荷となるのはこの部分くらいです。小ピークからはほぼ平らな高原散策路になります。よく踏まれていて、足元も極めて安定しています。火起山❸、竈山と名前のついた小ピークがありますが、前後の登り下りは 20m 程度のため、足速に通過するとピークであったことに気づかないかもしれません❹。逆にこの程度の登り下りでペースが乱れるようだと心肺機能に余裕がないことになります。時速 4 km 程度の街中のウオーキングペースで歩くことをお勧めします❺。余裕のある人はプチトレラン風にジョギング程度の速度で走ってみてもよいでしょう。膝関節や足関節に大きな負荷となる硬い岩盤や不安定なガレ場などはありませんので、鍋割山の山頂までペースを乱さずに歩き（走り？）きりましょう。

荒山高原からの登り❶

荒山高原南西の小ピークへの登り❷

稜線の平坦な道❸

気持ちのよい草原状の登山道❹

小走りで歩ける広い尾根道❺

草原道から荒山方面❻

鍋割山頂へのわずかの登り❼

鍋割山頂付近も草原状の広い道❽

鍋割山頂から西方向遠望❾

荒山

　赤城山荒山は赤城山の中では目立たないピークですが、荒山高原手前の岩場帯や山頂直下の急傾斜など、コンパクトなルートの中に登山の注意点を感じさせる部分があり、初心者の方が段階的に訓練する場としてメリットのあるコースです。また、冬季でもほとんどの場合夏装備で往復できるので（降雪直後や温度が極端に低いときを除く）、年間を通じてトレーニングの場とすることができます。

紹介コース

①宮城（群馬県立森林公園）コース　体への影響度　心肺機能 ＋＋＋　筋骨格系 ＋＋＋　バランス ＋＋＋

②姫百合コース　体への影響度　心肺機能 ＋＋＋　筋骨格系 ＋＋＋　バランス ＋＋＋

荒山山頂

①宮城（群馬県立森林公園）コース

- コースデータ…標高差 600m、距離（片道）2.9km、標準タイム（片道） 80 分
- アプローチ…車道 1 km以下　※最終駐車スペースから登山口まで

コースの特徴

　人気の姫百合口と比べると利用者が少なく、その分静かにトレーニングに励むことができます。山腹を緩やかに斜上するようにコースが付けられているので、傾斜が比較的一定しており、急な登りはほとんどありません。シーズンによっては、笹が被って歩きにくくなることがありますが、登山道はよく整備されていて歩きやすいコースです。傾斜が一定であることを利用して、スピードアップした歩き方を持続するトレーニングに向いています。

- コース時間目安

　登山口❹ …… 30～50分 ……▶ 棚上十字路❺
　…… 30～50分 ……▶ 荒山山頂❻

　宮城コースの登山口は、幹線道路から舗装林道を最奥部まで入った県立森林公園の駐車スペースです。地図では出だしが急な傾斜になっていますが、つづら折り状に石積みの登山道が整備されており、傾斜が急であることを意識せずにスタートできます❶。その後も、森の中の笹原を緩やかにほぼ一定の傾斜で登って行きます❷。傾斜が緩いので、少し楽過ぎると感

宮城口最初の石段❶

笹原下部❷

笹原上部❸

棚上十字路❹

小沼方向への分岐点❺

　じる場合にはペースをやや速め、心拍数で運動強度を意識できるレベルになるように調整するとよいでしょう❸。森を抜けて明るくなると棚上十字路です❹。ここで、距離も標高差も山頂までのほぼ半分です。ここまで30分強で到着でき、しかも疲労感がほとんどないようであれば、あえて休憩を入れないで、同じペースで山頂を目指しましょう。

　十字路の後も傾斜はほぼ一定ですが、小さな沢の横断が2回、小さな岩場の乗り越しが1回あります。いずれも特段のバランス力を要するポイントではありませんので、歩くペースには影響しないでしょう。ほどなく、荒山山頂を経ずに軽井沢峠・小沼に向かう道との分岐点になります❺。山頂へは、直角に方向を変え、荒山南尾根をたどります。傾斜が若干急になりますが、ペースを極端に落とすほどではありません。ひさし岩と名付けられた展望台を過ぎると山頂はすぐです。木枠の階段の登りで若干太腿の挙上を要しますが、気になる前に山頂前の平坦地に到達してしまうでしょう。

　荒山からの下りは、同じコースを戻るのでも構いませんが、荒山高原側の急坂を下って、荒山高原から東に折れると棚上十字路に戻ることができます。このループ状の登山コースを右回り・左回りで比較すると、傾斜と体のバランス能力の関係をしっかり認識することができるでしょう。

②姫百合コース

●コースデータ…標高差570m、距離(片道)1.7km、標準タイム(片道)100分
●アプローチ…車道1km以下　※最終駐車スペースから登山口まで

コースの特徴
　足場の安定した通年初心者が安心して利用できるコースです。急傾斜は山頂直下のみに限られるので、一定のペースで歩く練習にも向いています。腕の力を必要とするのは荒山高原手前の小岩場と山頂直下ですが、立ち木やロープが十分あり、少し慎重に歩を進めれば大きな心配はないでしょう。出発点の駐車場の標高も1000m程度で、大沼まで上がる必要がないことから、冬季でも比較的安心してアプローチできます。ただし、小岩場や荒山山頂直下は軽アイゼン程度を携行したほうが良い場合があります。

●コース時間目安
登山口❹ ……40〜50分……▶ 荒山高原分岐点❺
……50〜60分……▶ 荒山山頂❻

　姫百合コースは、よく整備されたコースで、駐車場脇の木枠階段から始まります❻。このコースでは木枠で作られた階段がしばしば登場しますが、木枠上の土砂の流出で、階段に沿って歩くとかえって歩きにくいところが少なくありません。脇にできた踏み跡の方を歩く人が多くなっています。約10分の登りで小尾根を乗り越えます。緩やかに下ると途中で下の林道に下りる道と分かれ、再度階段を交えた登りになります。少し傾斜がきつくなりますが、さらに約10分で別の小尾根と交差します。この尾根は荒山と荒山高原の中間点から直接下ってくる道になっています。しばし緩やかなトラバース道となり、速度を上げて緩斜面を歩く練習になります。次第に浅い窪地状の斜面となり、次にちょっとした岩場の登りになります❼。電光型に道がつけられていますが、岩の間隔が大きく、このコースのなかでは歩きにくい地点です。氷結期にここを下る時には注意が

出だしの木枠階段❻

荒山高原手前の大岩の重なった登山道❼

必要ですが、立ち木やロープなど支えになるものがたくさんあるので、手足の動きをうまく組み合わせて歩く練習に向いています。傾斜が緩み、水流で窪地状になった登山道を一息で、荒山高原に到着します❺。

　荒山高原は登山道の交差点になっており、荒山に進む道はほぼ直角に北東から合流しています。草丈の高い時季には入り口が少し見にくいかもしれません。引き続きほぼ一定の傾斜で登って行きますが、足下は安定していてペースの調整には好都合です。自分の最も快適な歩行速度を測ってみましょう。尾根上の緩斜面の途中で箕輪方面（姫百合駐車場方面）から荒山高原を経ずに直接登ってくるコースと交差します。そして、山頂の100m程度手前から傾斜が一気に急になります❽。傾斜が急になると歩く速度がいきなり遅くなることを実感できます。岩の段差にロープが張られた部分は腕の力で体を引き上げるので、腕力とバランスが試されます。急傾斜が終わるといきなり荒山山頂となります❾。下りでは、山頂直下の急傾斜地と荒山高原下の小岩場の通過がポイントです。足を進める先と目の位置が遠くなるので、バランスを崩しやすいところです。膝関節や股関節をしっかり曲げ、重心をしっかり落としてから足を進めましょう。立ち木やロープをつかむ場合は、体より前で把持することに努め、手や上半身が後ろに残らないようにすることが大切です。スキーやスノーボードと同じく、重心の真上に上半身がくるように腹筋背筋を使って姿勢を安定させ、その状態を維持することが大切です。ルート上のその他の場所に大きく問題となるところはないので、快適に下れる歩行速度や膝に負担のかかりにくい歩き方（膝に余裕を持たせ、大腿部の筋肉で下りの衝撃を吸収する歩き方）を練習することができます。

　登りと同じく、下りでも土の流された木枠階段は歩幅が強制されて非常に歩きにくく感じられます。多くの人は脇を通過しているようです。このような場所は他の山でも少なくないので、木枠に足を置く時に足を滑らせたり、バランスを崩したりしないように歩く訓練と割り切って、あえて歩きにくい木枠の上を渡って行くのもトレーニングとしては意味があるでしょう。なお、荒山高原を経由しないコース（箕輪ルート）は傾斜こそ少しきつくなりますが、岩場帯などはなく、ほぼ一定のペースで上り下りできます。ただし、通る人が多くないので、笹藪に覆われてコースがやや分かりにくい部分があります。

荒山山頂手前の急坂❽

冬の荒山山頂から北を望む❾

長七郎山

　赤城山長七郎山は小沼を巡る散策周遊コースの一部として歩かれることの多いファミリーハイキング向き小ピークです。単独で目指すピークとしては小振り過ぎるため、小沼より一段低い鳥居峠からアプローチしたり、地蔵岳とセットにしたり、南面の大猿川からの尾根とつないで登られたりと、周辺ルートと組み合わせて登られることも多いようです。天候不良時、体調不良時などの代替えルートとして利用されることもあります。

紹介コース

小沼周回コース

体への影響度 → 心肺機能 ＋＋＋
筋骨格系 ＋＋＋
バランス ＋＋＋

- コースデータ…標高差110m、距離（周回）2km、標準タイム（周回）60分
- アプローチ…車道1km以下　※最終駐車スペースから登山口まで

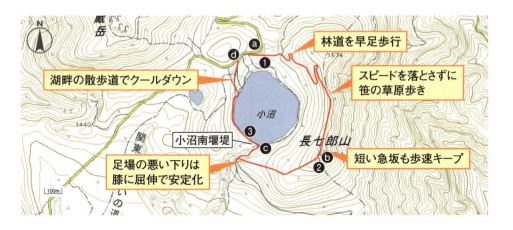

コースの特徴

　単独では特に特徴の無い安定したコースですが、時間を気にしながら歩行スピードと体への影響を実測するのには適したコースです。山歩きに慣れた方ならば、トレラン的に走ってみるのも良いでしょう。標高差が少なく距離も短いので、途中でバテても山中泊になる危険はまずないでしょう。シーズンを変えて繰り返し歩くことで、所要時間の推移から水平方向移動に関する体の仕上がり具合を推し量ることができます。

●コース時間目安
　小沼北駐車場ⓐ ……20～30分…… ▶ 長七郎山山頂ⓑ ……20～30分
　…… ▶ 小沼南堰堤ⓒ …… 10～20分 …… ▶ 県道ⓓ
　…… 5分 …… ▶ 小沼北駐車場ⓐ

　コースは、小沼北の駐車場向かい側からスタートします。ほぼ平坦な散策道です❶。時速4km程度で歩けるかもしれません。すぐにジグザグな傾斜道になりますが幅も広く林道歩きといったところです。傾斜が出てきても歩行ペースを落とさずに歩けるか試してみましょう。尾根のすぐ小沼側を並走する、所々笹のかぶった道になるといったん傾斜が緩みます。ここもスピードを落とさずに歩きましょう。頂上手前で少し傾斜がきつくなりますが、距離が短いので、ここでもあまりペースを落とさずに歩き切りたいところです。しかし、心拍数が上がるようであれば無理せずにペースを調整し、一般的な登りペース（時速1～2km）に合わせましょう。

　山頂からの下りは、ガレ場のような歩きづらい道です❷。傾斜は急ではなく、距離も短いので、膝に不安のある人でも膝が痛み出す前に小沼南端に下りられますが、ここでは、ガレ場歩きで膝に負担をかけない歩き方を試しましょう。下りの前半は道幅が広いので、真っすぐ下向きに歩かずに、右に左に体の方向を変えながら下りることで、膝の1カ所に力がかかることを避けることができます。また、伸縮性のストックを使用している場合、ストックを長めに調整し、あまり上半身を前屈みにしなくてもストックが次の一歩の位置につけるようにすると、膝や腰への負担が軽減できます。

　小沼南端につくと、湖岸を北に戻る平坦な道になります❸。少し登ればすぐ舗装道路に戻りますⓓ。一気に駐車場まで戻り、1周何分かかったか正確に計っておきましょう。積雪期と無雪期のスピードの違い、年ごとの推移など、グラウンドのトレーニングで陸上選手がデータを取るのと同じようにフォローしましょう。1周で物足りなければ、もう何回か回ったり、地蔵岳往復を追加したり、トレーニングの工夫はいろいろ考えられます。

小沼北側の幅の広い散策道❶

長七郎山頂❷

小沼南の散策道❸

鳥居峠と利平茶屋

　かつてケーブルカーが設置されていた登山コースです。現在はレールの一部とその両脇のコンクリートの階段が半分程度残っています。登山道はかつてのケーブルカー路線を左右にまたぐように造られており、ほとんどが森の中です。黒保根村側からのアプローチは人口集積地からはかなり大回りとなるため、現在使用頻度は極めて少なく、このコースを歩くとすると、鳥居峠からまず利平茶屋に下り、その後、今度は同じコースを登り返すという、通常とは逆の上り下りパターンになるでしょう。その分、赤城山の中では人の往来が少なく、「腿上げ」のトレーニングに最適な800段の階段があることもトレーニングには魅力的です。

紹介コース

鳥居峠と利平茶屋コース

体への影響度
- 心肺機能 ＋＋＋
- 筋骨格系 ＋＋＋
- バランス ＋＋＋

- ●コースデータ…標高差 400m、距離(周回) 2.3km、標準タイム(周回) 90分
- ●アプローチ…車道1km以下　※最終駐車スペースから登山口まで

コースの特徴

　上半部にケーブルカー跡の階段があります。登山道はその最下部のごく一部のみを使用しています。登山道の下半分はケーブルカー跡の北側、上半分は南側の林間に設けられているので、必ずしも800段の階段を上り下りする必要はありません。しかし、貴重な「腿上げ」トレーニング場ですので、下りは終始林間の登山道を通り、上りの後半（上半分）は最大傾斜58％の階段を登ることをお勧めします。

●コース時間目安

鳥居峠駐車場（旧ケーブルカー山頂駅） ⓐ
5分 ▶ 長七郎山北東林道からの登山口 ⓑ
30〜40分 ▶ 利平茶屋（旧ケーブルカー山麓駅） ⓒ
40分〜45分（階段経由）
▶ 鳥居峠駐車場（旧ケーブルカー山頂駅） ⓐ

鳥居峠駅舎跡の茶店 ❶

長七郎山東の尾根道 ❷

ケーブルカー跡の階段 ❸

　コースは、鳥居峠売店の長七郎山側の林道から始まります❶。ゲートの脇を通りほぼ平坦な林道に入ったら、5分ほど林道をウオームアップとして早歩きで歩きましょう。すぐに左に下る登山道があります❷。初めは尾根に沿って、途中から電光型に標高を下げて行きます。100mほど標高を下げた辺りから、左の沢に向かって斜面をトラバース気味に下って行きます❷。枯れ葉で覆われて分かりにくいところもありますが、安定した登山道なので膝に自信のない方でもそれなりのペースで下れるでしょう。程なく、ケーブルカー跡にぶつかります❸。階段を数十段下ると今度はケーブルカー跡北側に登山道がつけられています。すぐ下に「御神水」の採取小屋が見えますが、お水をいただくのは登り返しの途中が良いでしょう。

ケーブルカー跡の北側に出ると再び山腹のトラバース道になります。所々、左の斜面が岩場となっているため、崩落した岩が登山道を狭めているところがあり、多少足場の悪いところもあります。スピードを落とし、ストックを使用する場合は確実に地面について歩きましょう❹。ガレ沢を渡ると沢の左岸を歩くようになり、程なく利平茶屋跡の野営場が見えてきます❺。右下に舗装道路が見えてくると、野営場よりも一段下の林道に到着し、登山道は終了します。

　一服したら、同じコースを上り返しましょう。下半分は傾斜もきつくないので、心拍数が高くなりすぎない範囲でペースを上げて歩いてみましょう。ケーブルカー跡と交差したら、御神水はちょうど良い休憩地です。後半は林間の登山道に入らず、そのままケーブルカー跡の階段を上りましょう。大腿部の筋肉の強化に非常に有効な傾斜になっています。途中岩の崩落地がありますが、大きく崩れているわけではないので一瞬で通過してしまうでしょう。階段は鳥居峠の売店のすぐ裏まで続いています❻。何度か挑戦できるようであれば、時間を正確に計り、ご自身の急傾斜地登行能力の推移をフォローしてはいかがでしょう。

登山道下部のガレ沢横断❹

利平茶屋跡真上❺

鳥居峠東遠望❻

コラム　上州の山とお酒

　全国各地に地酒といわれる銘酒があり、それらの多くに山の地名が使われています。群馬県も例外ではなく、赤城山、谷川岳、船尾滝、尾瀬などの地名が使われています。お味も評判もなかなかのものです。山歩きでかいた汗を温泉で流し、その後は季節の山菜やイワナをつまみに地酒を一杯というのもオツなものです。

　ところで、運動した後のお酒は体に良い効果をもたらしてくれるのでしょうか。運動直後は心臓の拍出量が増えているのでお酒のアルコールは脳にすぐに運ばれ、いわゆる「早くまわる」状態です。また、脱水で血液量が少なくなっていると血液中のアルコール濃度が高くなりやすいので、少しのお酒で酔いが回ります。少量のアルコールは血管を拡張し、血液の循環を促進します。ですから寒い屋外で冷えた手足がポカポカ温かくなります。また、不安を軽減し、社交性を高めますから、仲間との話が弾みます。

　一方、平衡感覚を司る内耳や小脳もアルコールの影響を受けやすいので、バランスが非常に悪くなります。閉眼片足立ちなどはほとんどできなくなり、山の中のような不安定な場所での歩行は危険になります。さらに、アルコールの影響下では、各種の感覚が鈍くなり、温度の感覚や痛みの感覚も鈍麻してしまいます。冷たいものに触っても平気になり、凍傷のリスクが高まります。手足の拡張した血管から熱を奪われやすく、低体温症のリスクも高まります。アルコールによる利尿作用（抗利尿ホルモン抑制）は運動で脱水状態の体からさらに水を絞り出し、血液の粘稠度上昇で心筋梗塞や脳梗塞の危険が高まります。

　こうしたことから、山でアルコール飲料を摂取するのであれば、安全な環境に移動して、十分に脱水補正をした後でということになります。そして軽くほろ酔い程度までというのが体を大切にする人の上手なお酒との付き合い方です。

山麓から5本の舗装道路でアクセスできる
森と湖の山

榛 名 山

南側外輪山から榛名湖を見下ろす

水沢山

　水沢山は、榛名山の西端に位置するピークで、前橋・高崎・渋川など市街地からのアクセスが良好です。山頂の標高は1184mと榛名山のピークの中では低い方ですが、通常利用される水沢寺側の登山口の標高が約600mであるため、標高差は580mとコンパクトながら登りでのあるトレーニングコースとなっています。健康増進、体力強化のためのトレーニングに励む人が多く訪れ、毎日のように往復している元気な方々もいます。

紹介コース

水沢寺から往復コース

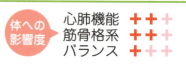

- コースデータ…標高差 580m、距離(片道) 1.5km、標準タイム(片道) 70分
- アプローチ…車道 1km以下　※最終駐車スペースから登山口まで

コースの特徴

　最初と最後の平坦部を除くと、傾斜のきつい登りが続きます。登りに必要な心肺機能と下腿後面の腓腹筋群が効率よく鍛えられます。多くの人が行き来し整備も定期的に行われていることから、コースを通じて足場はしっかりしています。しかし、急傾斜地の下りでは足を置くステップ位置が目から遠くなるため、バランスを崩さないための姿勢維持に注意が必要です。

水沢山頂

● コース時間目安

水沢寺駐車場❶ ……10分……▶ 林道脇登山口❷
……20〜30分……▶ お休み石❸ ……30〜40分……▶ 十二仏（石仏群）❹
……5〜10分……▶ 山頂❺

　水沢寺大駐車場の山側を霊園方向（西向き）へ歩くとすぐに舗装道路から未舗装の林道になります❶。歩きづらい浮き石の乗った林道を5分程度登れば、右に登山道入り口です（登山口付近は舗装されました）。登山道は土留めの木枠が程よく設置されていて歩きやすくなっています。傾斜はややきついですが、心拍数を指標にしてスピード調整しましょう。体が程よく温まるぐらいの約1/4地点でいったん傾斜が緩み尾根上の登山道になります。ここでは止まること無く、歩行を続けながら心肺機能を落ち着かせましょう。再度傾斜がきつくなっていきますが、程なく中間地点のお休み石に到着します❷。休憩するならここが適当ですが、全体を休憩無しで歩くことも決して無理ではありません。

　後半は前半にも増して急傾斜でちょっとした岩場もあります。しかし、終始ルートは明瞭で、手がかり

水沢寺裏の林道❶

お休み石手前の木枠階段❷

石仏手前の平坦部❸

見晴らしのよい石仏群❹

が欲しいところにはしっかりロープや灌木があるので不安なく登り進めることができます。とはいえ、登高能力(心肺機能と大腿筋力など)の差で、ペースが大きく違ってくるのがこの後半3/4部分です。休憩を入れずに一気に登り切れるスピードを確認しつつ歩きましょう。傾斜が緩み❸短い岩場ステップを越えると平坦で展望の利く十二仏に到着します❹。ここから先は山頂直下の急傾斜地を除けばほぼ平坦です。心肺機能への負荷から解放されるので、すごく楽になった感じがするでしょう。急傾斜の登りがいかに心肺機能へ影響するかを明瞭に実感できます。

山頂直下の急傾斜地はロープや鎖が張られていますが、足元はしっかりしているので、手がかりはバランス保持程度に補助的に使うようにしましょう。山頂に到着したら登りに要した時間と到着直後の心拍数を必ずチェックしておきましょう。

　自家用車で水沢寺駐車場まで来る人が多いため、登りと同コースを下る人がほとんどで、山頂からさらに西に向かい、舗装道路に出てから伊香保方面に進む人は極めて少ない状況です。登りコースを下る場合は、急傾斜地で安定した歩行をするコツをつかみましょう。目と足を置く位置が遠くなるので、膝に余裕を持たせ(やや屈曲位を保ち)、前屈みになりすぎないようにすることで転倒を防止することができます。伸縮性のストックを利用する場合は、やや長くすることで過度な前傾姿勢を避けられます。

　トレーニングで頻繁に訪れる人の中には走るように下る人もいますが、あまりまねをしない方が賢明です。急傾斜地を速い速度で下ると膝や足関節への負担が非常に大きくなり、故障の原因となります。下りも登りと同程度に時間をかけることで、関節や筋肉への傷害を防止することができます。特にこのコースの下りでは岩場に足を置く場面が少なくないので、膝に十分余裕をもたせ、一歩一歩の衝撃を緩衝するように歩くことをお勧めします。何度か通える場合は、速く下った場合と、ゆっくり下った場合で、下山数日後までの筋肉痛の出方を比べるとよいでしょう。急いで下ることで筋肉細胞の破壊が発生し、筋肉痛の程度が強まることを体験できるはずです。

二ツ岳

　二ツ岳は、男岳と女岳の2ピークで形成され、旧爆裂火口オンマ谷を経由して周遊コースとして歩かれる人が多いようです。1周しても1～2時間なのでトレーニングコースとして便利です。ツツジの季節にはやや人が増えますが、季節を通じて比較的静かなコースです。

紹介コース

二ツ岳コース

- ●コースデータ…標高差 雄岳200m、累積約400m、距離（周回）2.5km、標準タイム（周回）90分
- ●アプローチ…車道1km以下　※最終駐車スペースから登山口まで

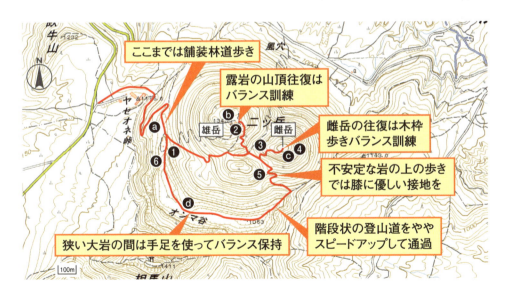

コースの特徴

　コンパクトな周回コースで、短い上りや下りが繰り返し登場します。比較的、心肺機能への負担は少なく、体調にやや不安がある時などの調整に向いています。雌岳の上り下りに登場する土の流出した階段や屏風岩周囲のガレ場状の登山道は足関節や膝関節に大きな負荷になるところで、着地の衝撃を少なくする歩き方を練習する場になります。

● コース時間目安
駐車場ⓐ …… 20〜30分 …… ▶ 雄岳ⓑ …… 15〜20分 …… ▶ 雌岳ⓒ …… 20〜30分 …… ▶ オンマ谷ⓓ …… 15〜20分 …… ▶ 駐車場ⓐ

駐車場から雄岳山頂までの登りが一番まとまった登りです❶。心肺機能のトレーニングを意識するのであれば、この部分は休まずに歩ける最大ペースを維持してみましょう。雌岳方面への分岐辺りで一息つきたくなりますが、そこはこらえて一気に雄岳山頂方向へ進み、電波塔の所で心拍数を測定してみましょう。山頂は電波塔裏の小さな社のある部分と、電波塔を回り込んだ岩塔の上の2カ所あります❷。

雄岳を下り、分岐をさらに下ると伊香保への道を北東に分けて雌岳への登りになります。周回ルートから雌岳山頂方面に入ると、そこから先はほとんど木枠の階段です❸。土砂の流出した木枠部分はアスレチックパークの遊具を連想させるバランス力チェックコーナーになっています。特に下りでは足を踏み外して転倒しないように注意が必要です。標高差は80m程度なので心肺機能的には気にならないでしょう❹。

雌岳を往復し周回コースを南に向かうとすぐに大岩の間を縫うようになります❺。傾斜は緩いので心肺機能への負荷はあまりありませんが、固い岩の上の登山道は膝に負担となるので、

雄岳登り出し❶

雄岳山頂の電波塔付近❷

着地の衝撃が大きくならないように速度を控えて歩くとよいでしょう。木製アングルを渡るとT字路となり、左は水沢山方面、右がオンマ谷です。
　オンマ谷の底を通る付近は登山道も広く、平坦な砂地なので、身体に負担のない散歩コースとなっています❹。一部、大岩の間を複雑に縫う部分がありますが、その距離は短く、爆裂火口底の地質学的に貴重な地形を楽しみながら歩きたいところです。最後は緩やかな登りで出発点の駐車場に戻ります❻。体力的に無理のない範囲でスピードを上げて歩いてみましょう。

雌岳の木階段❸

展望のよい雌岳山頂❹

屏風岩下の足場の悪い地点❺

風穴前の緩やかな坂❻

相馬山

　相馬山は、榛名湖を囲む外輪山の中で最も急峻なピークです。高崎側からは急な峰として明瞭に識別でき、一見、榛名山の最高点のようにさえ望めます。その特徴的な形状のため古くから南山麓の人々の信仰の対象となっており、現在も山頂に黒髪神社奥社が祭られています。東側、南側にもかつては登路がありましたが、急峻な鎖場で事故が多かったため、現在は廃道となり、西側の登山道だけが一般には使用されています。西側登山道も一部長い鎖場がありますが、鉄製アングルが整備され、斜度も極端にきつくはないので危険性はほとんどありません。

紹介コース

相馬山コース

- コースデータ…標高差240m、距離(片道)1.3km、標準タイム(片道)40分
- アプローチ…車道1km以下　※最終駐車スペースから登山口まで

コースの特徴

　ヤセオネ峠の道路から相馬山を往復するだけであれば距離も短いので、体力強化目的よりは急傾斜地のバランストレーニングに向いているといえます。しかし、後述の榛名湖を囲む外輪山ピークのいくつかとつなげることで、体力に応じた長距離のアップダウントレーニングコースがデザインできます。榛名湖からは放射状に5本の山麓に向かう道路があるため、榛名湖外輪山周遊登山道はしばしば道路に分断されることになりますが、逆に体力に応じて連続の歩行距離を調節することができ、いざという時の車路へのエスケープが極めて容易です。初回は相馬山とスルス岩だけ、次は相馬山から天目山、氷室山まで、などと段階的に一回の歩行距離を伸ばしていくのもよいトレーニング法です。

●コース時間目安
　ヤセオネ峠駐車場ⓐ ……15～20分……▶ 分岐部鳥居ⓑ
　……20～25分……▶ 相馬山山頂ⓒ

　ヤセオネ峠から榛名湖側へ道路を進むと左に登山道入り口の赤い鳥居があります。鳥居をくぐると笹原につけられたほぼ平坦な散策路になります❶。乾いたシーズンやしっかりと雪が積もっている時には足元が安定し、スピードを上げて歩くことができますが、土壌の性質上、グチャグチャのぬかるみとなることも多く、そうした時は滑りやすく足の置き場に苦労します。すこし傾斜がつき始めるとすぐに鳥居や参拝碑の林立する相馬山への登路の分岐点になります❷。T字路になっており、右へ進めばスルス岩方面に続きます。

下部の草原❶

急傾斜取り付き部の鳥居❷

　ここでいったん呼吸を整え、相馬山山頂までは休憩なしで一気に登り切りましょう。出だしは石碑の間につけられた石の階段になっていますが、ほどなく急な岩尾根をたどる鉄製梯子が現れます❸。把持する鉄柵や鎖もしっかりつけられているのでほとんど不安なく登れるでしょう。手はバランスを取るだけにして、足の伸縮

でしっかり体を押し上げることを心がけましょう。太腿前面の筋肉群が威力を発揮する傾斜です。急傾斜の登りに慣れていないと脚が重くなりますが、幸い距離が短いので、少しペースを調整すれば休むことなく歩き続けられるでしょう。10分少々の急坂が緩むとやがて平坦な灌木の間の痩せ尾根となり、視界が開けると同時に山頂に到着します❹❸。

　下りでは、急傾斜を歩く場合の手の使い方を訓練しましょう。灌木がたくさんあるので、ストックでバランスを取るよりは灌木を次々につかみながら下るほうが安定するでしょう。もちろん、つかんだ灌木が体重を支えられるとは限らないので、いきなり体重を預けるようなことはせず、バランスを取るためだけに留めることが肝心です。足を置く岩場や鉄梯子は安定感に乏しいので、しっかりと姿勢を低く保ち、次に足を置く位置を目視して確認しながら歩を進めることが大切です。その意味では相馬山は急傾斜地の下りのトレーニングに格好の場といえるでしょう。当然、下りでも登りと同程度以上の時間がかかると予想すべきで、実際、時間をかけて下ることが安全上も勧められます。下り後半の相馬山登り口の石碑群からヤセオネ峠までは、足元がぬかるんでいなければ走り下ることも容易で、こちらはトレラン的な足の進め方のトレーニングができます。

急な岩場に設置された
鉄製アングル❸

神社のある相馬山頂❹

掃部ヶ岳

掃部ヶ岳(かもんがたけ)は榛名山の最高点を持つピークです。榛名富士や相馬山に比べて地味な外観のためかここに最高点があるということは意外と知られていないようです。山頂に向かうコースは高崎市林間学校榛名湖荘からのコースが一番歩かれているようですが、山頂東の湖畔の宿公園からダイレクトに登るもの、南側の杏ヶ岳を経由するものもあります。杏ヶ岳経由は道路歩行部分が長くなるので、トレーニングで掃部ヶ岳を往復するのであれば、前2コースを使用するのが効率的でしょう。もちろん、時間に合わせて上り下りを3コースのいずれかから選択して組み合わせることが可能です。ここでは、アプローチが容易な短時間2コースを紹介します。

紹介コース

①硯岩側コース

②湖畔の宿公園コース

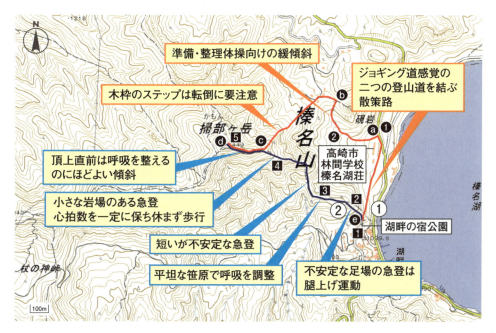

①硯岩側コース

●コースデータ…標高差340m、距離(片道)1km、標準タイム(片道)50分
●アプローチ…車道1km以下　※最終駐車スペースから登山口まで

コースの特徴
　硯岩は榛名湖畔から明瞭に見える柱状節理の垂直な岩場です。かつてはロッククライミング愛好家がオーバーハング超えの練習に訪れていましたが、インドアクライミングが主流となった現在はとても静かなエリアです。榛名山最高地点を目指すハイカーも分岐から約10分で硯岩岩塔上を往復できるので、掃部ヶ岳と併せて歩くことをお勧めします。急峻ですが、立ち木につかまりながらそれほどの困難なく往復できます。

●コース時間目安
　高崎市林間学校榛名湖荘上登山口❺
　　……10〜15分……▶硯岩上部への分岐点❻　20〜30分……▶
　湖畔の宿公園側ルート分岐点❼　　5〜10分　　▶　掃部ヶ岳山頂❽

　硯岩側の登山道は掃部ヶ岳山頂へのメインコースです❶。比較的一定の程よい傾斜が登山口から山頂まで続きます❷。木枠の階段が登りの中盤でかなり長い距離にわたって設置されていますが、土砂の流出で必ずしも歩きやすくはありません。木枠の上でバランスを取りながら足を置くことになるところもあり、設置者の意図に反してバランス強化コースになっています。湖畔の宿からのコースと合流する直前のみ少し傾斜がきつくなりますので、ここはペースを少し落として心拍数が多くなりすぎないように調節しましょう。全体として負荷が大きくないので、天候や体調に多少不安がある時の調整用に向いているコースです。

高崎市林間学校榛名湖荘上の登山口❶

コース下部の笹原❷

②湖畔の宿公園コース

●コースデータ…標高差 340m、距離(片道) 1 km、標準タイム(片道) 50 分
●アプローチ…車道 1 km 以下　※最終駐車スペースから登山口まで

コースの特徴

　掃部ヶ岳は榛名山の最高点ですが、ここに紹介するコースは登り下り合わせても 1 時間程度で完了できるお手軽エクササイズコースです。傾斜の緩急がはっきりしているので、傾斜と心肺機能への影響を考えるのに極めて有用です。足元が不安定な場所が多少ありますが、転滑落のリスクが少ないので、不安を覚えることはあまりないでしょう。冬期には積雪があることもありますが、ほとんど行程には影響しない地形です。トータルの行動時間が短い分、通常より多少オーバーペースぐらいで短時間集中的にエクササイズに取り組み、榛名湖温泉でリラックスしてから帰路につくプランもお勧めです。

●コース時間目安
湖畔の宿公園駐車場 e …… 30～50分 ▶ 硯岩側ルート分岐点 c
…… 5～10分 …… ▶ 掃部ヶ岳山頂 d

　湖畔の宿公園の直上に高崎市林間学校榛名湖荘下の市営駐車場に向かう散策路があります**1**。掃部ヶ岳への登路はこの散策路から直角に直上します。硯岩側ほど道標は丁寧ではありませんが、基本的には尾根を忠実にたどるコースで、テープやペイントが所々に付けられています。いきなり崩れやすい火山礫の急登で始まりますが、5分ほどで傾斜がいったん緩みます**2**。この急坂は崩れやすい傾斜地で足を取られない歩き方の練習に最適です。不用意に蹴り出さず、一歩一歩確実に脚を上下させることが必要で、大腿部の筋肉

登山口のある湖畔の宿公園 **1**

登り始めの足場の不安定な急坂 **2**

下部の平坦な笹原 3

中間地点の小岩場 4

掃部ヶ岳頂上 5

と足首の角度保持のための下腿筋肉が強化されます。

　その先の緩傾斜の笹原を進むと再度傾斜がキツくなります 3 。50m程度の登りで山頂から直接延びる明瞭な尾根に上がります。5分程度の登りの後、途中に小さな岩場がありますが、灌木やホールドは豊富で簡単に乗り越すことができます 4 。笹原に付けられた登山道は次第に傾斜を増し、傾斜の心肺機能への影響を強く実感できます。硯岩側からの登山道との合流点には明瞭な道標が立てられており ⓒ 、そこから山頂までは傾斜が緩みます 5 。

　登り口から山頂まで一本調子の登りですが、傾斜が何度か変わるので、このコースは傾斜に合わせた歩行ペース調整をトレーニングするのに好都合となっています。下りでこのルートを使うと、あっという間に下山できるので、心肺機能負荷の大小と体感的「きつさ」の関係が明瞭に認識できると思います。

掃部ヶ岳頂上から高崎方面を遠望

烏帽子ヶ岳

　烏帽子ヶ岳は、榛名湖北側の片側がすっぱりと切れ落ちた文字通り「烏帽子」の形をしたピークです。東側の断崖は登下降に不向きなので、登山道は西側に付けられています。榛名湖畔から鬢櫛山との鞍部までは緩傾斜を斜上し、そこから直角に折れて、やや急な傾斜を一気に山頂まで登ります。鞍部から鬢櫛山までも踏み跡があり、T字型に2つのピークをたどるのもよいトレーニングになります。鬢櫛山への踏み跡は所々不明瞭ですが、地形は単純で、距離も短いので特に不安なく往復できるでしょう。

紹介コース

烏帽子ヶ岳コース

体への影響度
- 心肺機能 ＋＋＋
- 筋骨格系 ＋＋＋
- バランス ＋＋＋

- 急傾斜は潅木やロープでバランス保持
- 傾斜が緩んだら呼吸を整え心拍数チェック
- ブッシュがうるさいが手足をフルに活用
- 細い尾根道の急登を電光型に休まず通過
- ルートを確認しつつトレラン風に小走りで
- 鳥居を過ぎると掘れた緩傾斜の登山道

●コースデータ
　周回道路から烏帽子ヶ岳：標高差260m、距離(片道)1km、標準タイム(片道)40分
　鞍部から鬢櫛山：標高差150m、距離(片道)500m、タイム登り(片道)25分
●アプローチ…車道1km以下　※最終駐車スペースから登山口まで

コースの特徴
　烏帽子ヶ岳の山頂からさらに少し進むと展望の良い広場に出ます。ただし、その先は崖で進めません。一方、鬢櫛山は極めて地味な山頂で、榛名湖外輪山のピークを一通り踏んでおこうという意図がないと訪れないかもしれません。その分、ルートファインディングや藪漕ぎの練習になります。

●コース時間目安
　榛名湖周回道路❶ …… 15〜20分 …… ▶ 烏帽子ヶ岳―鬢櫛山鞍部❷
　…… 20〜30分 …… ▶ 烏帽子ヶ岳山頂❸
　烏帽子ヶ岳山頂❸　10〜20分 …… ▶ 烏帽子ヶ岳―鬢櫛山鞍部❷
　…… 20〜30分 …… ▶ 鬢櫛山山頂❹

　榛名湖畔からの登り口は明瞭な赤い鳥居です❶。出だしは広い参道風ですが、山頂に続く山道はすぐに水流で掘られた溝状になります❷。登山道は主に溝の脇に付けられていますが、不明瞭なところもあり、降雨後などは足場が不安定になります。浮き石も多いので足首の保持に注意を払う必要があります。傾斜はさほど急ではないので、全体の距離が短いこともあり、心肺機能を鍛えるつもりで少し早いペースで歩いてもよいでしょう。一汗かくぐらいで中間点の鬢櫛山との鞍部に着きます❸。
　ここから振り返り気味に烏帽子ヶ岳山頂までのコースに入ります。階段状のロープが張られた登山道が山頂直下まで見通せるので、傾斜が次第に強まることがよくわかります❹。ここまでと同じペースでは続かないと思いますので、いったんペースを落とし、傾斜に体が馴染んできたらそれからペースを上げていくと良いでしょう。傾斜が段階的に急になるので、傾斜と心肺機能、大

登山口の鳥居❶

鞍部手前の笹原❷

腿部筋肉への影響が非常に良く認識できるはずです。距離は短いですから、最後の急傾斜は少しバテるぐらいのペースで頑張りましょう。小さな岩場を越えると平坦になり、すぐに山頂です❺。

烏帽子ヶ岳・鬢櫛山分岐部❸

　鬢櫛山への登路はT字分岐から西へ向かいます。初めは踏み跡が明瞭ですが、所々複数の踏み跡やケモノ道が交錯して、正しい？登山道がわかりにくくなっています。しかし、地形から判断すればあまり踏み跡にこだわらなくても山頂まで不安なく進めるでしょう。鞍部から平坦な道を進むとすぐに右側の山頂へと続く尾根に導かれます。いったんかなり傾斜がキツくなりますが電光型に踏み跡があり、少しペースを落とせば休憩なしで登り続けられるでしょう。山頂手前でいったん傾斜が緩むと尾根上のブッシュを避けて踏み跡が榛名湖側の一段下に移行します。通行者が少ないためか、ブッシュウオークに近いぐらいのところもあり、腕や上半身で枝を避けながらの前進になります。ブッシュの距離は短いですが、上半身の強化になるでしょう。さらに傾斜が緩むと特に特徴も視界もない地味な山頂に到着します❻。

烏帽子ヶ岳への登り❹

烏帽子ヶ岳山頂❺

鬢櫛山頂❻

榛名富士

　榛名富士は、榛名山の中央火口丘で榛名山のシンボル的な存在ですが、最高点ではありません。ロープウェイも掛かっているため登山の対象というよりは観光の対象で、湖畔から歩いて登る人は林間学校の生徒を除くと多くはないでしょう。しかし、湖畔からの標高差は300mあり、2つの登山道の水平距離は500～600mと、傾斜地を登る往復1時間程度のトレーニングコースとしては悪くない存在です。1往復で物足りない場合は、南面から登って一度北面に下り、再度北面から登って南面を下る、といったトライアルもよいでしょう。

紹介コース

①ロープウェイ駅西コース

②榛名湖温泉「ゆうすげ」コース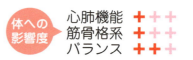

①ロープウェイ駅西コース

- コースデータ…標高差290m、距離(片道)600m、標準タイム(片道)40分
- アプローチ…車道1km以下　※最終駐車スペースから登山口まで

コースの特徴

　南面のロープウェイ駅西（ビジターセンター向かい）登山口からの登路は、北面よりも整備はやや不良です。しかし、登山道は明瞭で、所々ショートカットの踏み跡こそありますが、迷うところはないでしょう。急傾斜の斜面につけられた緩い電光型の登山道となっており、地図上の傾斜よりは大分楽に感じられるでしょう。一部平坦なトラバース部分がありますが、全体的には似たような傾斜の登路で、ペースを変えずに登山口から山頂まで1ピッチで登り切ることを目指すと良いでしょう。一番快適なペースの時の心拍数を時々チェックすることをお勧めします。

- コース時間目安
  ロープウェイ駅西登山口ⓐ …… 30～45分 ……▶ 榛名富士山頂ⓑ

　榛名湖ビジターセンターと道路を挟んだ反対側に登山口があります❶。笹原の中を少し進むとすぐに傾斜が強まります。しかし、斜面を直登するところはほとんどなく、左へ右へと電光型に登路が続きます❷。比較的大きく電光型が切ってあるので、榛名湖側へずいぶん回り込む感じがするかもしれません。

　足元は笹原を切り開いたやや軟らかい土の斜面なので、降雨の後などで地面が濡れているとかなり滑りやすくなります❸。ストックなどをうまく使ってバランスを取りながら、強く蹴り出しすぎないようにして歩くとよいでしょう

ビジターセンター向かいの登山口❶

笹の急傾斜をジグザグに登る❷

上部の笹斜面❸

登山道上部の崩壊地❹

最上部の石畳❺

神社手前の観光客用階段❻

❹。平坦なトラバース部分が何度かあるので、そうした心肺機能への負荷の少ない部分を利用して、あえて停止しなくても息を整えることができます。最後まで傾斜が極端にきついところはないので、一定のペースで山頂（ロープウェイ山頂駅舎脇）まで歩き切りましょう❺。

ロープウェイ山頂駅舎から榛名富士山頂の神社社までは、ビジネスシューズの観光客でも足元の不安なく歩ける緩傾斜の階段です❻。5分かかるかどうかという距離ですから、観光客にぶつからないように注意しながら一気に早歩きで登りきりましょう。足元に不安が無いとペースを上げられることが実感できるはずです。

このルートを下りに使う場合、地面が濡れているとやや難物になります。足を取られないように慎重に歩を進める必要があります。所々ロープが張られていますが、あまり頼りにしない方がよいでしょう。また、つかめる立ち木が意外と少ないので、ストックを使用した方が安定するでしょう。長距離ではないので、足元が悪い場合は急がずにゆっくり下りることをお勧めします。また、下りのみロープウェイを使用すると、膝や足首への下降時の負担なしで登りの脚力や心肺機能をトレーニングすることができます。膝や足の関節に不安のある方が足慣らしをする時には、下降時のみロープウェイを使用することも考慮してはいかがでしょう。

②榛名湖温泉「ゆうすげ」コース

- ●コースデータ…標高差 300m、距離(片道) 660m、標準タイム(片道) 45 分
- ●アプローチ…車道 1km 以下　※最終駐車スペースから登山口まで

コースの特徴

　雨水で掘れた部分があり、所々歩きにくいですが、傾斜はほぼ一定していて登りの心肺機能を鍛錬するのに良いルートです。終始同じペースを保って1ピッチ(休憩なし)で登り切ることを目指しましょう。冬季の降雪後もラッセルが必要なほど積もることはまずなく、雪で溝が程よく埋まるので、夏よりも上り下りとも容易になります。ただし、北面で雪も解けにくいことから、氷状になってしまったら軽アイゼンなどが必要になります。

- ●コース時間目安
　　榛名湖温泉「ゆうすげ」❻ …… 30～50分 ……▶ 榛名富士山頂ⓑ

　温泉旅館の裏手に登り口があります❼。出だしは緩傾斜ですが、すぐに傾斜がキツくなってきます❽。しかし、一気に直上することはなく、緩い電光型に登山道が続きます。所々、溝状に掘れたところがありますが、ほとんどその脇に登路が付け直されています❾。登りの後半には小さな岩の段がありますが、立ち木につかまって簡単に登り下りできるようになっています❿。また、かなりの部分でロープが張られていて、ルートを迷うところはまずないでしょう。

　登り終盤に傾斜がきつくなり、斜面を直上するようになりますが、その距離はわずかなので、ペースを少しだけ加減して、一気に登りきりましょう。最後の急傾斜部分は下肢全体を高く持ち上げる必要があるので、大腿部の筋肉

温泉旅館裏の登山口❼

出だしの草原道❽

崩壊した笹原の登山道❾

中段の木の根の目立つ登山道❿

上部の岩場⓫

を鍛えることができます⓫。ほどなく山頂社のすぐ手前にポンと飛び出します⓬。観光シーズンにはロープウェイで登って来た観光客と一緒になるので、少し違和感があるかもしれません。

　このルートを下りに使う場合、何カ所か傾斜のきついところ、滑りやすい土壌で足を取られやすいところなどがあります。しかし、登山道脇の立ち木やロープをバランス保持に使うことで特に大きな不安なく下れるでしょう。

榛名富士山頂直前部⓬

榛名山の持久力コース

　榛名山には登山道のついたピークが多数あります。一方、榛名湖畔まで多くの舗装道路が延びる観光地でもあり、ピーク間を道路が横切る構造になっています。単独の山としては魅力に欠けるかもしれませんが、体力や時間的制約に合わせてトレーニングコースを設定するには好都合となっています。いろいろな設定が可能ですが、持久力強化に向いていると思われる2パターンを紹介します。

紹介コース

①水沢山＋二ツ岳コース　

②榛名湖周辺外輪山半周コース　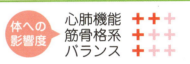

①水沢山＋二ツ岳コース

● コースデータ…標高差 計1100m、距離（周回）9.1km、標準タイム（周回）330分
● アプローチ…車道1km以下　※最終駐車スペースから登山口まで

コースの特徴

　急登から短い下降、平坦地、緩い登り、小ピークの登下降、急下降と、傾斜に合わせて歩行スピードを調整しながら持久力を養成するのによいルートです。筋肉が疲労した状態での水沢山下降は、膝・足首の関節への負担が大きいので、これらの関節に不安を感じる場合は手前の伊香保森林公園（伊香保スケートセンター上）で歩行を終了し、バスや車で帰路についてもよいでしょう。

● コース時間目安

水沢寺駐車場ⓐ ──10分── 林道脇登山口ⓑ ──20〜30分── お休み石ⓒ
──30〜40分── 十二仏（石仏群）ⓓ ──5〜10分── 水沢山頂ⓔ
──20〜30分── 伊香保森林公園（ツツジが原）東道路ⓕ
──50〜60分── オンマ谷北駐車場ⓖ ──20〜30分── 雄岳ⓗ
──15〜20分── 雌岳ⓘ ──40〜50分── 伊香保森林公園（ツツジが原）東道路ⓕ
──30〜40分── 水沢山頂ⓔ ──40〜50分── 水沢寺駐車場ⓐ

水沢寺脇の階段からも登れる❶

水沢寺裏の万葉歌碑❷

　水沢寺大駐車場の山側を霊園方向（西向き）へ向かいますⓐ。水沢寺脇の石段❶を登り、万葉歌碑の下を通っても同じ林道に合流します❷。一部コンクリートで固められた林道を5分程度登ると右に登山道入り口が現れますⓑ。水沢山単独往復でない場合は、まずはスピードを控えめにして体力温存で行きましょう。土留めの木枠で歩きやすくなっていますが、傾斜に合わせてスピード調整しましょう。いったん傾斜が緩み尾根上の登山道になる地点にベンチがありますが、先は長いので、ここでは休まず歩行を続けながら心肺機能を落ち着かせましょう。再度傾斜がきつくなり、水沢山頂までの中間地点のお休み石に到着したら、いったん呼吸を整えるとよいでしょうⓒ❸。ここでコースの約1割が終了です。
　引き続く急傾斜にはちょっとした岩場もありますが、呼吸を整えながら水沢山山頂まで休まずに進

みましょう。手がかりが欲しいところにはしっかりロープや灌木があるので不安なく歩けるはずです。傾斜が緩み短い岩場ステップを越えると展望の利く十二仏です❶。水沢山山頂まではあと一息ですので、そのまま停止せずに山頂に向かいましょう。山頂直下の急傾斜地はロープや鎖が張られています。山頂に到着したらここまでの登りに要した時間と到着直後の心拍数をチェックしておきましょう。ここで1/4が終了です❷❹。

水沢山登り中間点のお休み石❸

水沢山山頂❹

山頂からは真西に向かいます。所々岩の露出したナイフリッジになっており、榛名山にしては険しさを感じさせるところです❺。立ち木や岩のホールドでバランスを取りながら慎重に下りましょう。距離は短いですが、バランス能力が発揮されるところです。10分程度で電波塔の広場に出ます。さらに北西側にやや急な傾斜を下ると、平坦な灌木帯に移行し❻、程なく榛東村からの舗装林道に出ることができます。心肺機能強化を意識している場合は、足元が安定してきたところで歩調を速め、ペースを上げてみましょう。

水沢山山頂西側❺

電波塔下の登山道❻

道路の向かい側にツツジが原、オンマ谷へと向かうルートの入り口があります❼❼。しっかりとした道標が立てられているので迷うことはないでしょう。ここからは、なだらかな坂道をしばらく上ります❽。足元はしっかりしているので、心拍数を気にしながらできるだけペースを上げてみるこ

スケートセンター南の舗装林道からの登山口❼

ツツジが原の登山道❽

オンマ谷入り口❾

オンマ谷東の石段❿

オンマ谷へ下る⓫

雌岳の長い階段⓬

とをお勧めします。小ピークまで一定のペースで登り続けられるように適宜スピードを調節し、心肺機能に負荷をかけてみましょう。ピークを超えると緩やかな下りになり、スケートセンター方面への下りを分けるとすぐにオンマ谷の入り口になります❾。この地点が雄岳・雌岳からのルートとの分岐点にもなります。どちら回りでも構いませんが、ここまで登りが続いたので、少し使用する筋肉を変えるためには、まずはオンマ谷へ下りましょう❿⓫。谷の底を通る付近は広く平坦な散策路になっており、心肺機能に大きな負荷のない歩きながら呼吸を整えられる部分です。それに続く苔むした硬い大岩を縫う部分は、足元に注意してバランスを取りながら慎重に進みましょう。少し筋肉が疲労してきているのでバランスを崩して岩の間のくぼみに足を滑らすリスクがあります。緩やかな登りになると程なく折り返し地点の駐車場に到着します❼。体力的に無理を感じたら、ここから舗装道路を登り、榛名湖と伊香保温泉を結ぶ県道にエスケープすることができます。県道の峠部分には、便は2時間に1本程度ですが、伊香保温泉方面へのバス停があります。

　折り返して歩ける場合は、オンマ谷の駐車場で呼吸を整えたら、雄岳山頂までの登りへ足を進めましょう。大分疲労がたまってくる頃ですから、この登りはきつく感じるかもしれません。呼吸を整え

ながら休まずに歩けるペースを維持しましょう。雌岳方面への分岐でも休むことなく一気に雄岳山頂まで進み、まずは電波塔のある平坦地まで歩いてしまいましょう。この辺りで休み癖をつけないことが重要です。山頂は電波塔裏の小さな社のある部分と、電波塔を回り込んだ岩塔の上の２カ所ありますが、足に疲労を感じたら、あえて岩塔の上まで這い上がる必要はないでしょう❽。

　雄岳を下り、分岐をさらに下ると伊香保への道を北東に分けて雌岳への登りです。小さな登りの繰り返しにうんざりしてくる頃ですが、トレーニング終了後の充実感を信じて、しっかり雌岳も登っておきましょう。足腰の筋肉の疲労でこらえが効かなくなっている可能性がありますから、土砂の流出した木枠部分で足を踏み外して転倒しないように十分注意しましょう⓬。標高差は80m程度の登り下りですが、体力に余裕がないと心肺機能的にもきつく感じるでしょう❾。

　雌岳を往復し周回コースを南に向かうとすぐに大岩の間を縫うようになります。固い岩の上の登山道で膝に不安を感じたら、着地の衝撃を小さくするために速度を控えて歩きましょう。木製アングルを渡ると見覚えのあるＴ字路となります❾。今度は左の水沢山方面へ向かいます。すぐに、ツツジが原の小ピークを経るルートと、蒸し湯跡を経由する２ルートに分かれます。後者の方が若干登り下りが多くなりますので体力の残り具合でどちらのルートをたどるか選択しましょう。なお、蒸し湯跡からは伊香保スケートセンターへのエスケープルートが分かれます。スケートセンターからは、車道やロープウェイで伊香保温泉に至ることができます。エスケープしない場合は、どちらのルートからでも、登りで通過した水沢山への西側登山口に30分前後で到達できます❻。

　舗装道路を横切り水沢山へ向かうと、なだらかな登りから、火山礫で足を取られやすい登りへと次第に傾斜が増していきます。電波塔の広場を過ぎると、痩せ尾根の急な登りになるので、疲労した体にはきついところです。本ルートでの最後の登りですので、一歩一歩しっかりと足を進めましょう。再度水沢山の山頂に立てば、あとはほぼ下りのみです❺。山頂からの下り始めと、十二仏からお休み石までの急な下りでは、転倒に十分注意しましょう。立ち木やロープをバランス保持に遠慮なく使う方が賢明です。足腰に疲労が蓄積してくると、一歩ごとに重心を下げて、体を折り曲げる動作が億劫になるため、下りで目と次の足場の距離が非常に遠くなります。これが転倒を誘発する大きな原因となりますので、時間がかかっても急な下りの一歩一歩に時間をかけることが肝要です。

　お休み石を過ぎると後は水沢寺までわずかです。しかし、疲労した体には結構長く感じるかもしれません。最後まで転倒しないように十分注意して、長いコースを無事に完踏しましょう。

②榛名湖周辺外輪山半周コース

- ●コースデータ…標高差 累積895m、距離（片道）7.8km、標準タイム（片道）300分
- ●アプローチ…車道1km以下　※最終駐車スペースから登山口まで

コースの特徴

　榛名湖を取り囲んで榛名湖外輪山の小ピークが並んでいます。単独では家族連れ散策向きで、トレーニングとしては物足りないピークですが、複数組み合わせればちょっとしたインターバルトレーニングになります。高崎方向への林道が複数本、尾根の縦走路を横切っているので、エスケープ法に事欠かず、その日の体調や天候に合わせて負荷を調節することも容易です。ここでは道路歩きがあまり入らない、南側半面を紹介しますが、道路を多少歩くことを許容すれば、北側のピークや中央火口丘・榛名富士をつなげることで、さらに負荷を増やすことも可能です。

　相馬岳の登りの前半部と掃部ヶ岳の登りは傾斜がきつく心肺機能の鍛錬場所になりますが、その距離は短く、全体としてなだらかな傾斜の上り下りが交互に登場します。交感神経系をあまり緊張させない、脂肪燃焼効果が高い有酸素運動になるでしょう。鍛錬を意図するのであれば、トレラン風に小走りを入れるのもよいでしょう。個々の登り下りはコンパクトですが、全体を合わせるとかなりの距離になるので、完踏を目指すのであれば、時間に余裕を持ってじっくり取り組むことをお勧めします。

●コース時間目安

ヤセオネ峠駐車場❶ ……15〜20分……▶ 分岐鳥居❷
……20〜25分……▶ 相馬山山頂❸ 20〜25分 ▶ 分岐鳥居❷
……20〜25分……▶ スルス岩下を経由して松之沢峠❹
……20〜30分……▶ 三峰山分岐❺ 10〜15分 ▶ 七曲峠❻
……20〜25分……▶ 天目山❼ 20〜25分 ▶ 氷室山❽
……15〜20分……▶ 天神峠❾ 30〜40分 ▶ 湖畔の宿公園❿
……30〜50分……▶ 硯岩側ルート分岐点⓫ 5〜10分 ▶ 掃部ヶ岳山頂⓬
……5〜10分……▶ 湖畔の宿公園側ルート分岐点⓫
……20〜30分……▶ 硯岩上部への分岐点⓭
……10〜15分……▶ 高崎市林間学校榛名湖荘北側登山口⓮

　ヤセオネ峠❶から榛名湖側へ道路を進み登山道入り口の赤い鳥居をくぐります❶。笹原につけられたほぼ平坦な散策路ですが、長丁場を考えてペースは少し控えめにしましょう。少し傾斜がつき始めるとすぐに鳥居や参拝碑の林立する相馬山への登路の分岐点です❶。まずはT字路を左に進み、相馬山を往復しましょう。急傾斜が続く相馬山山頂までの行程ですが、休憩なしで一気に登り切れるペースをキープします。足場の悪い石の階段や鉄製梯子ではペースを上げられない分、心肺機能への負荷は過度にならないでしょう❷。太腿前面の筋肉群が威力を発揮する傾斜は、全行程を通じてここと最後の掃部ヶ岳の登りの一部だけです。10分少々の急坂の後、平坦な灌木の間の痩せ尾根となれば、程なく山頂に到着です❶。

　下りの急傾斜では、転倒に十分注意してください。ここで脚を痛めると先の行程がつらくなります。信頼のおけそうな灌木をしっかりつかむとバランス保持の助けになります。下り後半の岩場や鉄梯子は安定感に乏しいので、しっかりと姿勢を低く保ち、次に足を置くステップ位置を一歩一歩確認しながら下りましょう。ここの下りでは、登りと同程度以上の時間をかけ、安全第一を心がけることが大切です。鳥居や石碑が並ぶ分岐点まで戻ったら❶、ヤセオネ峠方面への道と分かれ、今度は正面のスルス岩方面に進みます❸。程よい緩傾斜の下りで、走り下ることも容易ですが、木枠や石の階段が所々混じるので、スピードの出し過ぎには注意が必要です。スルス岩の下で道路側に下りるルートとスルス岩を登るルートが分岐しますが、まずはスルス岩側へ進み、中間の岩の直下をかすめて西へ向かうルートへとさらに歩を進めてください。スルス岩の西側へ回り込めば、わずかの登りの後に道は舗装道路に向かって下り始めます。登山道に沿っ

相馬山登山口❶

相馬山中間部の鎖場❷

て進むと、舗装道路へはダイレクトに下らず、松之沢峠の少し榛名湖側に下ったところで道路と登山道が交差します❹❹。交差点の向かい側には、その先の登山道の入り口があります。ここでほぼルートの半分を踏破したことになります。

　呼吸を整えたら、さらに西に向かいましょう。小さなピークの榛名湖側を巻くように登山道が付けられており、なだらかな登りが続きますので、一定のペースを保ちながら立ち止まることなく登りましょう❺。脂肪がよく消費される快適な有酸素運動の負荷レベルです。この辺りは目立ったポイントがなく、小ピークの山頂も南に延びる三峰山への分岐点としか認識されません❺❻。逆に、歩きに集中できる部分です。ここは長居せずに、すぐに西に下りましょう❼。程なく舗装道路との交差点七

スルス岩東の明るい尾根❸

曲峠に到着します❻。ここでも北の榛名湖側に舗装道路を下ることでエスケープすることができますから、体調や筋力に不安を覚えたら、中断も容易です。

今度は天目山を目指します。広く刈り払われた明るい尾根に木枠のステップが付けられています❽。さほど傾斜はきつくないので、心肺機能への負荷を強く感じることなく頂上まで一気に登り切れるでしょう❿❾。氷室山につながる尾根道は部分的に狭いところがありますが、つかまるのに程よい灌木が豊富で、強度を確認しながらバランス保持に使うことができます。氷室山の地味な山頂❽ではあまり休憩せず、一気に天神峠へと進みましょう❿⓫。天神峠からはいったん舗装道路を歩くことになります❶。緩い下り坂で距離も短いので、時間を気にする場合は湖畔の宿公園まで小走りでもよいでしょう❶。なお、天神峠を榛名湖側に下れば、すぐにバス停です。最後の掃部ヶ岳を登り切るのに不安がある場合、途中撤退には最適の場所です。

いよいよ最後のピーク、榛名山最高点の掃部ヶ岳に取り付きます。湖畔の宿公園直上の高崎市林間学校榛名湖荘下市営駐車場に向かう散策路と分かれ、掃部ヶ岳への急登路を直上します。崩れやすい火山礫の急登は、距離は短いものの疲れた脚にはかなりつらい傾斜です。崩れやすい地盤なので、傾斜地で足を取られない歩き方が

スルス岩西の道路との交差❹

三峰山への分岐手前の階段❺

三峰山への分岐点❻

三峰山への分岐西側の木階段❼

天目山東側の尾根道❽

天目山頂 ⑨

氷室山西側の痩せ尾根 ⑩

氷室山頂西側の階段 ⑪

必要です。不用意な足の運びで足を取られると、無駄に体力を消耗することになりますから、ここは慎重に一歩一歩足元を確認しながら登りましょう。

　急登が終わり、緩傾斜の笹原に入ったら、少し呼吸を整えます。すぐに再度傾斜がキツくなり、50m程度の登りで山頂から伸びる尾根に上がります。5分程度の登りの後、途中に小さな岩場があります。灌木やホールドが豊富で簡単に乗り越すことができますが、疲労した体でバランスを崩さないように注意しましょう。バランス保持のためのロープが付けられていますが、あまり頼らない方がよいでしょう。岩場の先の笹原の登山道は次第に傾斜が増し、心肺機能への影響を強く実感できるところです。実質上、最後の登りですから、気合を入れて止まらずに登り切りましょう。もちろん、ペースを落として、ダウンしないようにスピードを調節することが大切です。

硯岩側からの登山道との合流点まで到達すれば一気に傾斜が緩みます ⓚ。あと5分で本日の登りが終わり、掃部ヶ岳に到着です ⓛ。

　山頂でこれまでたどってきた各ピークを確認したら、最後の下りを気を緩めずに踏破しましょう。硯岩側の登山道は掃部ヶ岳山頂へのメインルートですので湖畔の宿側よりもルートは明瞭です。湖畔の宿公園方面と分かれた直後は、土砂の流出で必ずしも歩きやすくない木枠の階段になり、これがかなり長い距離続きます。疲れた脚には木枠の上でバランスを取りながら歩くことは必ずしも容易ではありませんから、最後の最後で転倒しないように十分注意して足場を選びましょう。特に降雨後などで木のステップが滑りやすいときは要注意です。硯岩への分岐手前からは傾斜も緩み、足元も比較的安定します ⓜ。最後の数百mはクールダウンに最適の緩傾斜です。道路に下りたら高崎方面に向かい、お土産屋さん街で帰りの交通の算段をするとよいでしょう ⓗ。

"危険"マークがうそではない身近なアルピニストエリア
妙 義 山 系

妙義山系注意事項

　妙義山は標高1000m前後のおおむね低山に分類されるピークの集合体です。しかし、風食の進んだ脆く急峻な岩峰群で構成されるため、山麓から山頂までの標高差はそれほど大きくないにもかかわらず、頻繁に現れる岩塊の登り下りで予想外に体力を消耗させられる山です。転落事故も多く、体の柔軟性やバランス力が伴わないと大きな事故を起こす危険があります。石門巡りなどは紅葉シーズンのハイキングコースとして親しまれていますが、こうしたところですら死亡事故が起こります。ここでは、ある程度体力・バランス力を身に付けている方が、さらに登山の技術を高めたいという場合、あるいは、いわゆるロッククライミングに通じるバランス力を強化したいという場合を想定したトレーニングコースを紹介します。

降雪後は石門巡りも立派な冬季バリエーションルートになる

表妙義　白雲山

　妙義神社から奥の院を経由して白雲山に登り、タルワキ沢から中間道経由で神社に戻るコースは表妙義の代表的な登山ルートです。尾根に出るまでの急峻な登り、尾根上のナイフリッジ、長い鎖の下りなど、心肺機能・バランス力・腕力のそれぞれが緊張感を持って鍛錬される内容の濃いトレーニングができます。ただし、悪天候時など条件の悪い時に無理をすれば致命的な転落事故につながりますから、くれぐれも用心深く行動しましょう。

紹介コース

表妙義　白雲山コース

- コースデータ…標高差620m、距離（周回）3.0km、標準タイム（周回）280分
- アプローチ…車道1km以下　※最終駐車スペースから登山口まで

コースの特徴

　奥の院前後はかなりの急傾斜ですが、心肺機能への負荷はスピードを調節することで無理のない範囲にとどめます。筋骨格系への負荷は上肢、下肢への力の分散で調整することになりますが、基本は下肢で体重を支えます。立ち木、岩のホールド、鎖などをつかむ場合は体を支える、引き上げるためと

いうよりは、もっぱらバランスを維持するために使用します。よほど鍛えている人でないと上肢の筋肉は持久力に乏しく、頼りすぎは途中で力尽きて転落の憂き目を見る原因になります。また、立ち木や岩のホールドは体を支えられるほど強固であるとは限らず、特に妙義山では木が根元から、岩が塊ではがれることは珍しくありません。白雲山のルートではナイフリッジの稜線で特に注意しましょう。時間を気にせず、1ステップごとの確実性を担保することが大切です。切れ落ちた岩稜上での行動は、慣れないと恐怖感との闘いになりますが、メンタルにも良いトレーニングになります。

　コース全体を通じて手でホールドを探る場面が多いので、ストックを積極的に使用できるのは登り始めと下りの最後ぐらいです。ザックにとめる場合も、飛び出していると木や岩角に引っかかってバランスを崩すもとになりますから、十分短くしてザックのサイドにしっかり固定しましょう。

●コース時間目安

妙義神社下駐車場ⓐ ……10〜15分……▶ 妙義神社社殿ⓑ
……30〜40分……▶ 大の字裏ⓒ ……30〜40分……▶ 奥の院ⓓ
……20〜30分……▶ 玉岩ⓔ ……30〜40分……▶ 大のぞきⓕ
……30〜40分……▶ 天狗岳ⓖ ……15〜20分……▶ タルワキ沢分岐ⓗ
……20〜30分……▶ 大滝下ⓘ ……20〜30分……▶ 中間道合流点ⓙ
……20〜30分……▶ 妙義神社社殿ⓑ ……10分……▶ 妙義神社下駐車場ⓐ

　妙義神社の歴史を感じさせる石段はこのコースの準備体操として程よい傾斜になっていますⓐ❶。呼吸を整えながら、ウオームアップを図りましょう。神社の右手奥から山道が始まりますⓑ。出だしは特段厳しい傾斜ではありませんが、大の字手前の浅い沢床を登る辺りから一気に傾斜がきつくなります。足元も不安定になり、スピードを上げることもままならなくなります。一歩一歩足場を確認しながら標高を稼ぎましょう。大の字手前の鎖場も少しホールドが細かく、慣れないと意外に苦労し

妙義神社❶

「辻」上の鎖場❷

奥社を越える長い鎖場❸

稜線手前のザレた岩場❹

高度感のある玉岩❺

ます❻。この先を考えればまだまだ序の口なので、ここで不安を感じる場合は、大の字を往復して往路を戻るか、もう一段先の第一見晴らしへの下り口から中間道に下る方がよいでしょう。

　大の字の裏側からはいったん傾斜が緩み、大岸壁の下をトラバース気味に進みます。大岩のある第一見晴らしへの下り口を左に分けるといよいよ奥の院への急坂が始まります。大岩壁の溝を這い上がるように登山道がつけられており、短いながらバランス力が要求される鎖場が現れます❷。脚の筋肉の中でも脚を高く上げるための大腿部や下腹部の筋肉が鍛えられます。奥の院の階段は岩屋奥の祈祷所へと続きますが、上部への登路は階段隣のほぼ垂直の鎖場です❹❸。初めての方は「本当に登れるのか？」と不安になるかもしれませんが、この鎖場は登るに従いホールドが豊富になり、傾斜も若干緩むので思ったほど苦労はしないはずです。ただし、転落すれば岩場の下まで引っかかるところはありませんから、運が良くても大けがです。上部の鎖が水平に付けられたトラバース部分が終わるまでは気を抜かないようにしましょう。腕の力に頼らないようにと言っても、この鎖場の前半は上腕部から胸部の懸垂のための筋肉の力が必要です。

　奥の院を超えると若干傾斜は緩みます。登山道両脇の灌木帯は高度感をマスクしてくれますが、その先はすっぱり切れ落ちた断崖絶壁ですから、滑りやすい火山礫で足を取られないように慎重に登りましょう❹。足関節を適切な角度に維持するための下腿の筋肉がものをいう地形です。尾根に出る直前の段差もホールドが不確実で緊張するところです。ロープや灌木はバランス保持のためだけにつかみ、全体重を預けないことが大切です。

　尾根に上がるとホッと一息ですが、ここから先も面倒な岩場が連続します。長い鎖が掛けられた玉岩は登り始めが垂直です❺❺。最初の一歩だけは、鎖をつかんだ手に体重を任せ、上肢の筋肉で一気に体を引き上げる

力が要求されます。しかしその先は、しっかりしたステップが切られているので、安定した位置に足を乗せることができ、鎖はバランス保持だけのために使用することで事足ります。稜線の裏妙義側に岩を乗り越えると、緩傾斜ででこぼこの多い鎖場です。かわいていれば難なく通過できますが、降雨後などはスリップに十分注意しましょう。以前あった草付きが崩壊した後は裏妙義側の高度感が顕著になり、岩場のメンタルなプレッシャーに耐える精神力が鍛えられます❻。

引き続き、稜線上の大岩を上、横、下方向へと回り込むところが複数登場します❼。いったん登った岩を下りる部分は足場が遠く、目と次の足場との距離が離れることから、バランスを崩しやすい構造になっています。鎖でうまくバランスを取り、体を岩からできる

玉岩から下方を見下ろす❻

玉岩上の稜線❼

玉岩上のナフリッジに架かる鎖❽

大のぞきから浅間山を望む❾

大のぞきから天狗岳を望む❿

だけ離して、視野を大きくとることが肝心です❽。体幹部を縮めることで、足と目が近づきますから、体幹部を大きく伸縮させながら進みましょう。腹筋背筋の力が試されるところです。いくつかの岩場を越えるところを除けば決して歩くのが難しい稜線ではありませんが、南東側は灌木一本隔てて断崖絶壁ですので、心理的なプレッシャーは結構なものです。また、岩の右を回るのか、左を回るのかなどコースをしっかりと確認しながら進まないと、戻るに戻れない状況に陥る可能性もあります。踏み跡が怪しいと思ったら、すぐに少し戻ってもう一度確認してください。

ナイフリッジが少し広くなり、急傾斜を灌木をつかみながら登ると「御岳三社大神」の立派な石碑が建てられている大のぞきに到着します❻❾❿。白雲山は岩峰群の総称で、このコースで最も視界が良いのはこの大のぞきです。コース上の最高点はこの次の天狗岳1084mで、さらにその先の相馬岳をタルワキ沢分岐から往復すれば標高1104mまで登ることになります❸。大のぞきから天狗岳へ進むには、まず長い鎖場を下ります⓫。傾斜はさほどきつくなく、岩には程よく突起があるので、鎖を把持しながら体を岩に垂直に立てることで安定して足を進めることができるでしょう。体を岩から離すとい

大のぞきからの下り⓫

タルワキ沢分岐⓬

うロッククライミングの基本が試されるところです。腕に力を入れないで、ホールドはバランス保持のために利用するという感覚を養うことができます。長い鎖でキレットまで下ると天狗岳までの最後の急登です。距離は短く、足場も安定しているので、呼吸を整えながら一気に登ってしまいましょう❸。

相馬岳から浅間山方面を望む⓭

　天狗岳で小休止をとったら、今度は足場の悪い下りが始まります。鎖のあるところよりは、鎖のない自然の岩や木の根を把持してバランスを取るところの方が緊張するかもしれません。こうしたところでは体幹部

タルワキ沢の下り⓮

の筋肉を大きく伸縮させ、体の柔軟性を最大限利用することが必要です。その意味では、天狗岳からタルワキ沢分岐までの下りは、バランス能力がしっかりと鍛えられる部分です❿⓬。タルワキ沢へ入ると、足場は沢上部特有のガレた斜面になります⓮。しかし、立ち木が多く、これまでの高度感からも解放されるため、緊張度は少なくなるでしょう。しかし、まだまだ油断は禁物です。特に、笹原を避けながら大滝上部をトラバースする部分はスリップ事故に要注意です❶。足場をしっかり確認しながら進みましょう。また、沢床を横切る部分は水流やケモノ道が交錯しているため、本来のルートを見失いやすくなっています。下りながら正規の登山道のしるしを瞬時に見つけ出すには、優れた動体視力と判別能力が必要です。コースを外してしまうと極めて足場の悪い状況になり得ますから、不自然さを感じたら、いったん戻って再度ルートを確認しましょう。沢からはなれて小尾根の灌木帯を下るようになれば中間道との合流部は間もなくです。この辺りまで来ると、手でホールドを探す場面はなくなりますから、ストックを出して下肢の関節への負荷を減らしてもよいでしょう。中間道と合流すれば一般のハイキングコースです❶。道もわかりやすく、これまでの難ルートが逆に懐かしく思えるかもしれません。左手の妙義神社方面は全体として下りになります。距離も2km程度ですから、足場の安定したところでは少しスピードを上げてトレーニング気分を高めても良いでしょう。大黒滝手前の鉄製アングルの付近は、若干足元が悪いので、スピードを上げて歩いている場合はスリップに注意が必要です❶。また、中間道をのんびり散策している人も少なくないので、すれ違い時はスピードを緩めましょう。

金洞山

　金洞山周辺では致死的な転落事故が頻繁に発生しており、群馬県内では谷川岳の本格的なロッククライミングルートに匹敵する転落事故危険ポイントです。一般登山道の領域としては最大級の難度といえる岩場が次々現れます。しかし、道路からのアプローチが容易で、岩場、鎖場での技術修得に気合を入れて取り組むことを希望する登山者には格好の練習場となります。
　特に西側から金洞山に登るコースは、金洞山に登るコースの中で最も安定したコースです。最後の垂直チムニー状の岩場もホールド、スタンスが豊富なため、妙義の鎖場の中では不安の少ないポイントです。むしろ、鎖場西側の裏妙義側のルンゼを横断する部分の方が足場が悪く緊張するかもしれません。全体の距離が短いので、何度も通って鎖場歩きのトレーニングとして取り組むのに好都合といえるでしょう。
　鷹戻しを通過するコースは、入り口の警告標識にもあるとおり、岩場の技術をしっかりと抑えてから、適切な装備とメンバーで取り組むことをお勧めします。槍ヶ岳や穂高岳周辺の縦走路よりも困難だという指摘は間違いではありません。

紹介コース

①中之岳西コース

②鷹戻しコース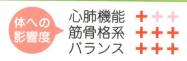

中之岳駐車場から見上げる金洞山の痩せた尾根

①中之岳西コース

- ●コースデータ…標高差 350m、距離(片道) 1.7km、標準タイム(片道) 80 分
- ●アプローチ…車道1km以下　※最終駐車スペースから登山口まで

コースの特徴

　距離が短いので持久力や心肺機能のトレーニングにはなりませんが、腕の力やバランス保持能力の強化が効率よく行えるコースです。特に、最後のチムニー状の鎖場は、岩場での安定した体位の取り方、岩場を下る練習などに向いており、時間があれば何度か登り下りしてみるとよいでしょう。

- ●コース時間目安

中之岳駐車場❶ …… 20〜30分 …… ▶ 石門巡り分岐(熟達者ルート入り口)❷ …… 30〜40分 …… ▶ 表妙義主稜線❸ …… 20〜30分 …… ▶ 金洞山頂(中之岳)❹

　中之岳神社から❶、あるいは石門巡りのコースから、熟達者向けの注意喚起の標識を目印に金銅山へのコースに入ります❷。いきなり、それまでのよく整備されたハイキングコースとは趣を異にした、砂礫に足を取られやすい急斜面が始まります。大腿部の筋肉が鍛えられる傾斜です。しかし、急傾斜は長く続かず、トラバースコースで西側の尾根に移ります。傾斜地のトラバースは足場が崩れかけているところがあり、靴底をしっかりと傾斜に合

ロープの張られた不安定な沢源頭❶

山頂に続く垂直に近い鎖場❷

わせることが必要になります。足の角度調節のための下腿筋肉を働かせるとともに、腹筋背筋をうまく使ってバランスを取りながら歩を進めましょう。

　小さな岩場を越えて急な尾根に出ると、大岩を何段か超えながら標高を稼ぎます。大した距離ではありませんが、太腿を大きく上げながら歩くので、大腿部と下腹部の筋肉が鍛えられます。金洞山頂を取り囲む屏風状の大岩壁直下のテラスに出たら、いったん呼吸を整えましょう。岩壁基部を左手に回り込むと緩傾斜の樋状の鎖場に出ます。ここの鎖はあえて使う必要はなく、溝の両側に程よいホールドやスタンスがありますから、天然のでこぼこをうまく使ってバランスを取りながら登る練習をしましょう。鎖場が終わると金洞山中之岳と西岳を結ぶ稜線に出ます❸。

　稜線に出たら右手に進みます。足場が細く不安定になり、妙義山の稜線の風情が漂います。火山礫状の小石に足を取られないように慎重に登りましょう。すぐに、山頂につながる垂直の鎖場が見えてきます。しかし、その手前のルンゼを横切る部分が要注意です❶。直上してルンゼの上の稜線に出ることもできますが、そちらの方がさらに足場は不安定ですから、初めての場合は素直に、固定ロープが複数張られたルートを進みましょう。まず、古い固定ロープとやや心もとない立ち木や木の根をつかみながら、一段、二段と上に上がります。足元は外傾しているし、ホールドも怪しいので、微妙なバランスが要求されます。次のルンゼを横切る長い固定ロープは、もっぱらバランス保持に用い、あまり体重をかけない方がいいでしょう。つまり、足場を一歩一歩安定させながら三点支持の基本を守って歩を進めます。雨や雪の時は下のルンゼが急な滑り台状態になっているので、滑落は致命的になる恐れがあります。10歩ぐらいですが最大級の注意を払って進みましょう。バランス能力を高め、高度への恐怖感を払拭するには、充実したポイントです。

　ルンゼを横切り終わると、足場は少し安定します。ここから先、鎖場の基部までの登りではあまり不安はないでしょう。しかし、下りでは砂礫に足を取られやすいので、やはり慎重さが求められます。尾根に出て、左手に進めばすぐに頂上直下のチムニー状の鎖場に着きます❷。この岩場は下部のフェース状鎖場と上段のチムニー状鎖場から構成されていて、上段はほぼ

垂直です。しかし、ホールド、スタンスは豊富で、鎖も極めて強固なものが張られているので、鎖場通過の練習には最適です。上段では、くぼみの奥に入りこまずに、岩から飛び出すような姿勢を維持することで体勢が安定します。岩登りの基本である岩から体を離してホールド、スタンスを見据える動作、腕力と脚力のバランス、などが鍛えられます。腕が疲れるようなら、腕の力に頼りすぎる傾向が強いといえます。最後は傾斜が緩みますが、頂上の平坦地に出るまでは転落に十分注意しましょう❹。

　下りでは、目と足場の距離が遠くなるので、さらに岩場歩きの基本を忠実に守る必要があります。体幹部の筋肉を大きく動かし、岩に張り付かないように心がけます。鎖やホールドを確実に把持するための、前腕の筋力、握力も強化されます。金洞山頂を初めて訪れる場合は同ルートの往復をお勧めします。この往復に不安を感じなくなってから、金洞山頂より東の尾根を体験する方がよいでしょう。

②鷹戻しコース

● コースデータ…標高差 450m、距離（周回）3.0km、標準タイム（周回）240分
● アプローチ…車道1km以下　※最終駐車スペースから登山口まで

コースの特徴

　地図上の距離は短く、持久力を鍛える場とはなりにくいはずですが、細かいアップダウンや緊張感を伴うポイントが多いため、大きな疲労感を残すコースです。急な登り下り、岩場での体位保持など、上下肢・体幹のあらゆる筋肉に負荷がかかります。不安定な体勢で足を進める場所が多いため、足首の角度を調節するための筋肉の鍛錬にもなります。また、即座にホールドやスタンスを見分ける動体視力や高度感に屈しない気合など、高次の神経機能も鍛えられます。

●コース時間目安
中之岳神社下駐車場ⓐ ……20～30分……▶ 第四石門ⓑ
……30～40分……▶ 中間道分岐ⓒ ……25～35分……▶ 堀切りⓓ
……30～40分……▶ 鷹戻し上ⓔ
……40～60分……▶ 金洞山頂（中之岳）ⓕ
……30～40分……▶ 第四石門ⓑ
……15～25分……▶ 中之岳神社下駐車場ⓐ

中間道の鉄柵のつけられた階段❶

堀切り下の木の根の這う登山道❷

　中之岳神社下駐車場から第四石門まではハイキングコースをたどりますⓐ。轟岩下のコースでも石門群ショートカットコースでも構いませんが、核心部の準備体操を意識するのであれば、忠実に石門コースの鎖場をたどりながら、鎖場歩きの感触を確かめておくのも悪くないでしょう。第四石門をくぐって、中間道へと入りますⓑ。鷹戻し上の中間分岐点へとつながるコースが大砲岩への分岐の反対側の木立の中に目立たないように分岐しています。上部でエスケープする場合はここに下りてくるということを確認しておくと良いでしょう。このコースは非常に急ですが、固定ロープが程よく張られているので、意外に不安なく登下降できます。

鷹戻しの下で尾根に上がるコースに入るには、中間道をさらに妙義神社方面に進みます。長い鉄製階段を含め、かなりの下りになるので、その分尾根に上がる標高差が大きくなります❶。しかし、バランスを取りながら細かい階段を下りる動作などは、単独でもよい訓練になりますし、この先の準備体操としても最適です。鉄製階段を過ぎれば程なく分岐点に着きます❸。分岐点からの登りは、比較的あっさりしていて距離も短く不安に感じる部分はほとんどありません。ただし、標識が控えめなので落ち葉に隠れた踏み跡を要領よく見つけ出すルートファインディング力が試されます。

　尾根に上がると痩せ尾根コースの本番です❹。西方向、金洞山頂方面に進むとすぐに斜上する鎖場が2回登場します❸。この辺りはまだ高度感はありませんが、危険度が低いわけではありませんので、早速気を引き締めて取り付きましょう。鎖はしっかりしていますが、足で進むという基本動作を大切にします。沢の源頭の外傾したスタンスや、泥や落ち葉で滑りやすいポイントがあるので、足首の柔軟性を生かし、スタンスの形状に合わせて最大限の摩擦が得られる角度に足を置くことに努めましょう。

堀切り西側の岩場トラバース❸

　続く鷹戻しの核心部分は梯子❹と鎖場❺で構成されています。それぞれある程度の腕力を必要としますが、登りで通過する場合は高度感に悩まされることはあまりないでしょう❺。ここも腕はバランス保持を主とし、脚で登ることが大切です。上肢筋は下肢筋に比較して持久力が乏しいので、長時間力を出し続けることは苦手です。しかもこの後にも渋い鎖場が複数あるので、ここで力を使い果たすわけにはいきません。短時間にフルパワーを出し続けると、無酸素運動となり筋肉に乳酸が蓄積します。腕が重苦しくなり、力が出な

鷹戻し下部の梯子❹

くなります。そうならないためには、力を出し続けるのではなく、途中で力を緩めて筋肉に酸素やエネルギー源を供給することが必要です。キモの部分を過ぎたら安定したところで1〜2分筋肉に休息時間を与えるとよいでしょう。また、フルパワーでなく、6〜7割の力でやり過ごせるよう、左右上肢下肢に負荷を程よく分散させることも大切です。

鷹戻しを過ぎて西に進むと枝尾根を跨いで急峻な下りが現れます❻。鎖や立ち木がホールドになりますが、決して足場が安定しているとはいえず、真下の沢や岩壁を覗きながらの下降は高度感との闘いにもなります。正面に見える星穴岳の岩壁も、「あのようなところを今自分は下っているのか」というイメージを呼び起こし、岩場歩きに慣れていない人はひときわ恐怖感を募らせるかもしれません。しかし、岩場歩き、痩せ尾根歩きの心理的トレーニングには絶好のスポットともいえます。一歩一歩、足を取られないように慎重に進みましょう。また、ここでも上肢の筋力への頼り過ぎに気をつけましょう。鎖は安定していますが、立ち木や岩の凹凸は折れたり外れたりすることも珍しくないので、不要に体重を預けるのは大変危険です。

垂直下りの後は、南に大砲岩へのエスケープコースが分岐します❼。下降点はしっかりした鎖が張られていますが、その後は古い固定ロープで急坂を下ることになります。東岳、中之岳へは細い稜線をやや西側から回り込みます。大岩の乗越しが2ポイントほど続きます。いわゆるナイフリッジの上ですが、この辺りまで来ると高度感にはかなり慣れてくるでしょう。引き続き、足場の確認やバランス保持の要点を外さない慎重な歩き方が欠かせません❽❾。東岳の山頂を鎖で超え、その先灌木の生えた尾根をひと登りで金洞山頂に着きます❶❿⓫。振り返ると、先ほど通過した鎖場が視認できますが、「大

鷹戻しの長い鎖場❺

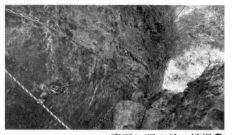

鷹戻し西の長い鎖場❻

痩せた尾根上の分岐点❼

した距離でもないのに結構時間と神経を使った」と感じられることと思います。このような緊張を強いられるコースでの、地図上の距離と所要時間、心理的な距離感の関係をしっかりと認識しておきましょう。長短合わせて約10カ所の鎖場通過もストレスになりますが、鎖がついていないところも決して安定しているわけではないので、この尾根では終始緊張感を緩めないことが大切です。

　金洞山頂から西は前記「中之岳西コース」になります。高度感への馴れと緊張から解放された余裕から、下り後半はかなり容易で短く感じられることと思います。ただし、ナイフリッジでの緊張と複数の長い鎖場通過による筋肉疲労で、単純な西ルート往復での下りよりは体力が低下している可能性があります。下りの前半の垂直鎖場やルンゼ上部トラバースなどは決してなめてかからず、最後まで転倒防止の注意をおこたらないようにしましょう。

足場の悪い細尾根が続く❽

鎖のない岩場も要注意❾

小石の多い崩壊地は足をとられやすい❿

両側の切れ落ちた岩塔を鎖で越える⓫

相馬岳

　相馬岳は表妙義縦走コースで中間地点として通過する表妙義の主峰に相当します。前記の「白雲山からタルワキ沢を下降するコース」からピストンで往復することもできます。ここに紹介する裏妙義の(旧)国民宿舎から往復するコースは、地味なコースですが、数時間の急傾斜登下降で完了する程よいトレーニングコースです。

紹介コース

(旧)国民宿舎コース

体への影響度
心肺機能 ＋＋＋
筋骨格系 ＋＋＋
バランス ＋＋＋

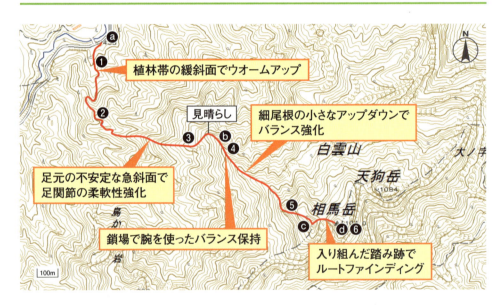

コースの特徴

　表妙義には珍しい、バランス力よりも登下降のための筋力増強に向いているコースです。コースの中間点、小さな岩穴のある「見晴らし」前後の急な登りでは大腿前面の筋肉群を思い切り使用します。火山礫状の滑りやすい地面も足首周囲の筋肉には大きな負荷になります。下りでは、目と足場の距離が離れた状態で足場の不安定な登山道をたどるので、体幹部の筋肉をうまく使って姿勢を崩さないようにすることが必要です。心肺機能に自信のある場合は、ある程度スピードを上げて負荷を増やすことで、登山に必要な筋肉を強化することができるでしょう。

- コースデータ…標高差600m、距離(片道) 3.8km、標準タイム(片道) 150分
- アプローチ…車道1km以下　※最終駐車スペースから登山口まで

●コース時間目安
駐車場ⓐ ―― 60〜80分 ―▶ 見晴らし(覗き穴) ⓑ ―― 60〜80分 ―▶ 縦走路分岐ⓒ ―― 10〜20分 ―▶ 相馬岳山頂ⓓ

　舗装道路の終点、(旧)国民宿舎裏妙義入り口の中木沢に架かる橋の反対側に登山口がありますⓐ。営林作業の広く緩い林道でウオームアップします❶。植林地帯の浅い沢を2回横切ると尾根の側面を斜上して尾根上に出ますが、一部はかなりの急傾斜なので、出だしの体にはこたえます。心肺機能と大腿部の筋肉に大きな負荷となります。ここからはほぼ忠実に尾根を登って行きます❷。傾斜が次第に増し、灌木につかまって体を引き上げるような場所も所々出てきます。肩や腕をスムーズに動かすためには、準備体操で腕や肩の関節を良くほぐしておくとよいでしょう。足元は砂礫状で決して安定がいいとはいえず、足を滑らせないために、足首を至適な角度に保つための膝下の筋肉を多用します。

　「見晴らし」と呼ばれる大岩の手前は傾斜もきつく、足場も不安定で、ルートも少し分かりづらくなっていますが、とにかく上へ登れば分散した踏み跡がまとまってきます❸。この辺りの傾斜をどの程度のスピードで歩けるかで、心肺機能の評価ができます。尾根前半からのペースを落とさずに歩ければ、心肺機能はかなりのものです。

　「見晴らし」ⓑ上の小さな風穴

営林作業林道❶

林間の砂礫の道❷

中間部の岩峰を鎖で巻く❸

風蝕で穴の空いた中間岩峰❹

縦走路手前の長い鎖場❺

❹を過ぎると、尾根はぐっと細くなり、傾斜もいっそう急になります。所々鎖場があり、ギャップのアップダウンもありますが、ルートは明瞭で足場もそれほど悪くはありません。腕を使う部分も多くなりますが、腕力に頼りすぎずに、足で登ることを心掛けましょう。表妙義の稜線に上がる部分は沢の源頭部を横切るように付けられており、落ち葉がたまるシーズンにはルートが少し不明瞭になります。長い鎖もあり、コース終盤でもあるので、疲労感が出てくるかもしれません❺。表妙義稜線に出て❻左に曲がると緩い登りで小ピークの手前まで登りますが、まだ相馬岳の山頂ではありません。さらにもう一度下り、最後の急で足場の悪い坂を登り切ると山頂です❹。最後の登りをペースを落とさずに登れれば心肺機能に余裕があるといえます。

相馬岳山頂から表妙義稜線の西側を望む❻

丁須の頭

　裏妙義のシンボルは何と言ってもユニークな形の「丁須の頭」でしょう。ハンマー型の基部が崩れないのが不思議ですが、遠くからでもよく判別できます。そのためか、裏妙義のコースは「丁須の頭」に集合するように付けられています。籠沢コースは「丁須の頭」に至る最短コースです。多くの登山者が往復するためコースは明瞭で、いくつかの鎖場も足場は安定しています。他のコースからの下山コースとしても使用頻度の高いコースです。一方、北側の不動の滝（鍵沢）コースは丁須の頭を目指すルートの中では最も地味なコースです。ほぼ忠実に沢床をたどるので暗いイメージがあり、丁須の頭付近まで印象に残るようなポイントもありません。しかし、その分静かに自分のペースを推し量りながら歩くことができます。

　御岳コースは裏妙義縦走の本格コースです。一般登山道としては難易度の高いポイントもあり、中間部のアップダウンも大きいので、地図上の距離から想像するよりもかなり負荷の大きいコースです。その先西側に延びる三方境と丁須の頭を結ぶ稜線は、裏妙義側で"奇岩の山"を体験する代表コースです。個性のある岩場が複数あり、岩場・鎖場の練習に向いています。高度感は表妙義側ほどではなく、アップダウンも大きくないので、表妙義の主稜線に挑戦する前の練習にもなるでしょう。北面の並木沢をたどり入山口から三方境に上がるコースもありますが、交通の利便性からは、（旧）国民宿舎裏妙義を起点として三角形の周回ルートをたどる方が繰り返しの練習には向いています。この周回コースは右回りでも左回りでも大差ありませんが、丁須の頭の西側のチムニー状岩場を登りで通過する方が容易と考えるならば、後記の右回りコースが選択されます。

　裏妙義の「丁須の頭」を巡るコースは、表妙義ほど危険なところがないため人気があり、新緑の頃や紅葉シーズンには大変混雑します。同時複数人通過が困難な岩場がいくつもあることから、混雑期はあえて選択しない方がトレーニング指向の方にはよいでしょう。

御岳付近から裏妙義稜線を望む

紹介コース

コース	体への影響度
①籠沢コース	心肺機能 ＋＋＋ / 筋骨格系 ＋＋＋ / バランス ＋＋＋
②不動の滝コース	心肺機能 ＋＋＋ / 筋骨格系 ＋＋＋ / バランス ＋＋＋
③御岳コース	心肺機能 ＋＋＋ / 筋骨格系 ＋＋＋ / バランス ＋＋＋
④三方境コース	心肺機能 ＋＋＋ / 筋骨格系 ＋＋＋ / バランス ＋＋＋

①籠沢コース

- コースデータ…標高差 600m、距離（片道）3.8km、標準タイム（片道）120 分
- アプローチ…車道 1 km以下　※最終駐車スペースから登山口まで

コースの特徴

登りの後半はきつい傾斜が続くので心肺機能の強化に向いています。広河原がほぼ中間点で、その前を準備体操として、後半では体力をフルに使うような感覚がよいでしょう。繰り返し通うことで、登山に必要な体力全般を効率よく鍛えることができるコースです。

- コース時間目安
  駐車場❶ …… 40〜50分 ……▶ 広河原❶
  …… 40〜70分 ……▶ 裏妙義主稜線❶ …… 10〜15分 ……▶ 丁須の頭❶

　(旧)国民宿舎❶の中木沢上流側に付けられた舗装林道を進むと５分ほどで籠沢コースが分岐します❶。登山道は、地形に合わせて籠沢の横断を繰り返しながら、両岸を縫うように付けられています。通行者が多いため、登山道はかなり明瞭ですが、足元が不明瞭だと感じたら対岸に目をやると道標やペイントが目に入ることがあります。沢を横断するポイント

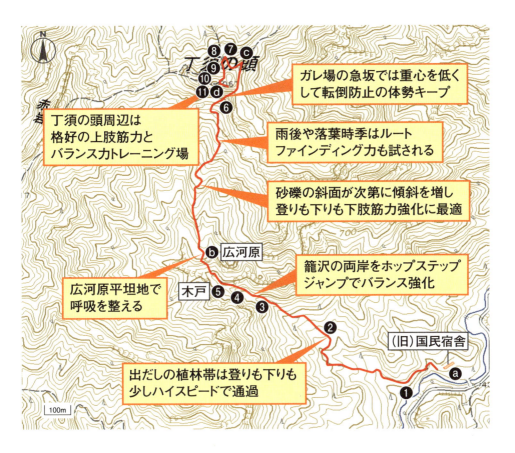

は、飛び石伝いになっているので、バランス力の確認になります。跳躍の準備運動をあらかじめしておき、足を置く石を決めたら、テンポよく飛んでみましょう。

前半部は植林地帯の森の中を通ります❷。傾斜はさほどではないので、少しずつペースを上げながら歩くとよいでしょう❸。岩窪に付けられた鎖場をやや腕力に頼りながら越えると、木戸と呼ばれる沢の狭くなった場所になります。すぐ対岸に渡ると、ちょっとした鎖場が2カ所ほど出てきます❹。木戸の上、広河原の下の鎖場は、狭い岩の割れ目を

舗装林道から登山道に入る❶

植林地帯の緩やかな道❷

大岩の重なる河原をマークを指標に進む❸

沢の大岩を鎖で越える❹

広河原手前の鎖場❺

裏妙義稜線直下の鎖場❻

丁須の頭直下を北側へ回り込む❼

越え、さらにやや急な鎖場を2段越える構造になっています❺。高度はなくよく見ると足場はしっかりありますが、安定した階段状ではないので、バランス力に自信のない場合は少し不安に感じるかもしれません。繰り返し通うと、このような変形した鎖場でバランスを取る訓練ができます。

広河原は平坦な沢の合流部です❻。標識と踏み跡に従って右の籠沢に入ります。大雨の後や枯れ葉がたまった時期には登山道が分かりにくくなり、正面の烏帽子沢に向かってしまう恐れがあるので、ここではいったん止まってコースを確認しましょう。籠沢に入ると沢の中を歩く部分が多くなります。よく見ると人がよく通る部分とそうでない部分が判別できますが、やはり大雨の後などは不明瞭になります。大筋では、沢の上部に向かってひたすら登ればよいのですが、やはり通行者が多いところの方が歩きやすく安全度も高いので、目をキョロキョロさせながら歩きやすい踏跡を探しましょう。

裏妙義の主稜線に近づくにつれて傾斜がどんどんきつくなります。腿上げに近い部分もあり、大腿部の筋肉の強化になります。また、足場は火山礫状の不安定な部分やコケの付いた凝灰岩などが多く、スリップしないためには足首上部の筋肉の出番が多くなります。終盤は沢床から離れて小尾根を越える部分があります。マーク

が付いていますが、ペース配分や足元確認に気を取られていると見逃す恐れもあるので、キョロキョロ視線を動かしながら踏跡をしっかり確認しましょう。沢床脇に斜上する鎖場が登場すると主稜線はもうすぐです❻。この辺りの足場は極めて不安定なので、両手で鎖や木の根、木の幹をつかみバランスを取りながら登り切りましょう。上肢や体幹部の筋肉の出番が多くなります。

　主稜線に出ると右から御岳コースが合流します❸。丁須の頭はすぐ上ですが、登山道は北の碓氷峠側を大きく回り込みます❼。いったん、細くて不安定な踏み跡を下ります。ちょっとした鎖場になりますが、あまり鎖に頼らずに体幹部でバランスを取りながら岩の斜面を横断します。すぐに大岩に突き当たり左上方へ鎖を頼りに一段

丁須の頭手前の大岩を鎖で越える❽

縦横の鎖で一段上に❾

丁須の頭直下の鎖場❿

丁須の頭下のテラスへ⓫

上がります❽。高度感は全くありませんが、バランスの取りにくい足場になっており、鎖場通過の訓練には良いポイントです。岩から体を離して視野を広げながら体を持ち上げます。鎖なしでも上がれますので、バランス力に自信がある場合はあえて鎖を使わないトレーニングもよいでしょう。

　約30m進むと左の壁に鎖が2本下がっています❾。さらに約20m進んでも同じポイントに出る鎖が岩のくぼみについています。どの鎖を使っても大差ありません。やはり、鎖をつかまりつつ、体を岩から離して足場をよく確認しながら登りましょう。手前の鎖で上段に上がると、岩の上部をほぼ真横にトラバースする鎖が付いています。足場が削ってあるので、スタンスに迷うことはないでしょう。

　灌木帯を進むと下に鍵沢ルートの長い鎖が見えます。立ち木を頼りに10m程度登ると丁須の頭の真下です❿。傾斜の緩い岩場に鎖が伸び、中木沢側の視界がよいテラスに出ます⓫。さらにもう2段鎖場が上に伸びていますが、広いテラスはここだけなので、上段に上がる場合も荷物はこのテラスの安定した場所に置いておく方がよいでしょう。

（丁須の頭に登る）

　丁須の頭は裏妙義のシンボル的存在です。鎖も付いているので、危ないとわかっていても、一度くらいこの上に立ってみたいと思うのは登山愛好家の素直な心情だと思います。しかし、確保なしで手を離せば死亡事故必至であることは容易に想像できます。当然、あえて登るとすれば、慎重な準備が必要になります。

　下段の凹角状の岩場に付けられた鎖は特に難しくはありません。ただし、鎖を離れて中木沢側へテーブル状の岩場を歩く際には転落に十分注意しましょう。問題は上段の丁須の頭の上まで伸びている鎖です。鎖場としては最高難度と言えます。ハンマー状の岩の基部はオーバーハングを西側に回り込んで直上する構造になっており、腕力に頼らざるを得ない部分があります⓬。高度感もかなりのもので、確保なしでチャレンジするのはやめた方がよいことはこの時点でわかるでしょう。ハングを回り込むと大き

丁須の頭基部のオーバーハング⓬

ホールド、スタンスに使える凸凹は少なくない⓭

な凸凹を足場にできますが、ぶら下がり状態で安定したポイントを探るので腕の力を緩めるわけにはいきません❸。数歩せり上がればスタンスも安定したものがあり、テーブル上の「頭」に飛び出します❹。360度遮るもののない展望台で景色を楽しみましょう。天気がよければ浅間山の景観は圧巻です❺。ただし、セルフビレイをしっかりとって、転落には十分注意してください。

　下りも一歩一歩スタンスを視認しながらゆっくり確実に足を進めましょう。ハング部を回り込むところでは大きく振られますので、バランスを取りながらスタンスを中木沢側（岩の右手）に求めます。慰霊プレートのある鎖の下端に到達すればホッと一息です。鎖場のトレーニングとしては最高の場ともいえますから、経験者にトップロープをセットしてもらえるようであれば、繰り返し通ううちに1度はチャレンジしたいところです。距離こそ短いですが、上肢と前胸部の筋肉群をフルに使うミニロッククライミングを体験できます。

丁須の頭から浅間山を望む❺

丁須の頭の上は馬の背状❹

②不動の滝コース

- ●コースデータ…標高差670m、距離(片道) 2.6km、標準タイム(片道)150分
- ●アプローチ…車道1km以下　※最終駐車スペースから登山口まで

コースの特徴

　出だしと第二不動の滝の通過、丁須の頭付近を除けば、ほぼ一定のペースで緩傾斜を登ります。終始ペースを変えずに歩く練習に向いています。後半部では沢床を右へ左へと渡るところが多く、水流がある場合はバランスを取りながら跳躍することになります。実際には降雨直後以外伏流していることが多く、跳躍が必要となる場面は少ないでしょう。しかし、不安定な石の上を渡る場面は多いので、足首を適切な位置に保つための下腿部の筋肉は多く使用します。特に下りでこのコースを使用する場合は足首のポジションに注意を払わないと、うっかり足首をひねる危険があります。枯れ葉の多い時季には踏み跡が分かりにくくなるので、周囲の目印や足元を注意深く観察しながら、コース外の枝沢に入り込まないようにする注意が必要です。

●コース時間目安
碓氷簗下駐車場ⓐ ⋯⋯ 50〜70分 ⋯⋯▶ 第二不動の滝ⓑ
⋯⋯ 70〜110分 ⋯⋯▶ 丁須の頭ⓒ

鍵沢登山口❶

不動の滝コース取り付きの急登部❷

　碓氷簗下の駐車場から碓氷川に架かる橋を渡りますⓐ。御岳コースよりも上流側に不動の滝コース（鍵沢コース）の入り口があります❶。出だしは沢沿いではなく、尾根末端の斜面をたどって麻苧の滝の上部に回り込んでから沢沿いとなります❷。尾根末端の傾斜は急ですので、運動開始直後の体には少しきつく感じるかもしれません。呼吸を整えながらペースをゆっくり上げて行きましょう。2013年の大雨で一部の岩場が崩壊して、その前よりもさらに急な登りになりました。ロープ、鎖、梯子とコースは整備されています

が、それでもこの急登では心肺機能と大腿部前面の筋肉がフル稼働になります。

沢沿いに出ると傾斜は緩みます❸。時々枝沢を横切るポイントが崩壊していて、沢床へいったん下りてから登り返すところや、路そのものが傾いたところ、鎖で沢本流側への滑落をくい止めながら通過するところなどがあります。しかし、第二不動の滝を越えるところと、最後に沢を詰めるところを除けば、心肺機能に負担になるような傾斜はありません❹❺。それよりも足場の悪いところを、歩行

第二不動の滝の手前の森❸

第二不動の滝❹

スピードを落とさずにバランスを取りながら通過する能力が試されます。大腿の筋肉よりは足首や膝関節下部の筋肉と体幹部のバランス保持のための筋肉群が鍛えられるでしょう。腕や肩も柔軟に動かすことで体が安定します。登りでも転倒防止とバランス保持を目的にストックを積極的に使ってみるとよいでしょう。

　このコースの終盤、沢が丁須の頭に向かって南向きに方向を変える辺りから傾斜が急になってきます❻。基本的に沢床を歩くコースなので、降雨の後は踏み跡も判りづらくなりますが、沢歩きと割り切って足の置きやすい場所を選びながら進んでも大差ありません。稜線に登るところの鎖は３段に分かれており、最後の鎖はかなり長いですが、鎖場としては緩傾斜なので、鎖はバランスを取るため程度の使い方になります❼。足首を大きく曲げて、なるべく靴底と地面の角度を合致させることで大きな摩擦を得ることができます。足首の柔軟性が試されるところです。最後は左手の尾根に上がり、稜線上の鎖場を伝って丁須の頭の直下に出ます。籠沢・御岳からのコースと合流後の注意は前記と同様です。

第二不動滝上部❺

鍵沢後半部の鎖場❻

鍵沢最後の鎖場❼

③御岳コース

- ●コースデータ…標高差700m、距離(片道)3.0km、標準タイム(片道)200分
- ●アプローチ…車道1km以下　※最終駐車スペースから登山口まで

コースの特徴

　急な坂を登る心肺機能と鎖場や岩場を安全に通過するためのバランス力の双方が鍛えられます。急な登り下りが繰り返し現れるので、単純に登って下りるコースよりも疲労がたまりやすく、ペース配分にも注意が必要です。距離で時間を想定するのではなく、登り下りの急峻度や通過の難易度を考慮して所要時間を予想することが大切です。短い距離の登りだからといって、心肺機能に過剰な負荷をかけて歩くと、後半ぐっと疲労がたまることになります。裏妙義の一般コースの中では事故が多いコースですので、初回は経験者に同行を求めるか、気象条件の整った時季に十分に時間の余裕を持って出かけるのがよいでしょう。

●コース時間目安
碓氷築下駐車場ⓐ ······ 60〜80分 ▶ 鼻曲がりⓑ
······ 50〜90分 ▶ 御岳ⓒ ······ 50〜70分 ▶ 丁須の頭ⓓ

　碓氷築下の駐車場から川下の橋を渡りますⓐ。ここから滝見物の遊歩道に入り、麻苧の滝の直下まで進みます❶。水流を渡るところから御岳コースが始まりますが、いきなり枝沢脇の急で不安定な登山道です。降雨後や枯れ葉の堆積する時季には不明瞭になりやすく、ルートファインディングに注意が必要です。特に、一段上がって、枝沢の滑滝落ち口をトラバースする鎖場は日陰で光も当たりにくいため極めて不明瞭です❷。この鎖場の取り付き部では張り出した岩場の通過時にバランス感覚が試されます。正しいルートを外れてし

麻苧の滝❶

麻苧の滝下部を進むと枝沢の側壁となる❷

まうと進退に行き詰まる可能性もありますから、ここはゆっくりとルートを確認しながら進みましょう。

　鼻曲がりの展望のよいテラスに出るまでは沢の源頭部を詰める似たようなコース取りが繰り返し現れます。急な尾根を這い上がったり、沢床を横断したりしますので、ルートが濡れている時や凍結時には滑落に十分注意しましょう。短い鎖場も繰り返し登場します。ルートのすぐ下の岩の急斜面は致死的な事故につながりうる険しさです。上半身を柔軟に使い、手足をバランスよく操る能力が試されます。俗に「運動神経」と称される小脳の運動統御機能が発揮されるところです。また、急傾斜が続きますので、心肺機能にも余裕がないとバランス力が発揮できません。ここはスピードを落としても息が上がらないペースに留める必要があります。薄暗いと急に折れ曲がる地点などでルートを見失いやすいのでキョロキョロ周りを見回しながら進む必要があります。

鼻曲がりまで上がると急傾斜はいったん終了し、展望も開けるので一服できます❶。しかし、まだまだコースの序盤が終了しただけで、この後も地図上ではハッキリしない尾根上の登り下りが何度も繰り返されます。足元は滑りやすい火山礫のところが多いので、足を適正な角度に保つために下腿から足関節周囲の筋肉には継続して負荷がかかります。不安定な登山道を歩く技術のよいトレーニングになります。また、急な登り下りの場面では立ち木を握ることも少なくありません。しっかりした木を一瞬にして選択する動体視力と握力、上腕から胸部の筋肉の鍛錬になります。ただし、枯れ木や浮いた岩も多いので、いきなり全体重をかけることは禁物です。御岳手前ではいったん沢の源頭に下ります。バランス感覚とルートファインディング能力、沢を詰める急登に耐える心肺機能が必要になります。尾根に出ると岩洞のある鎖場があります❸。傾斜はきつくありませんが、足場が不安定で砂礫も滑りやすく、東側下部は垂直の壁になっているので事故の危険が大きいところです。一歩一歩足首の柔軟性を発揮し、蹴り出しを抑えて足を進めることが肝心です。

　御岳のピークまで到達すれば急な登りはほぼ終了です❹❹。距離も全体の2/3を踏破しています。御岳から西に進むと鎖場が3カ所あります。いずれも岩場に慣れた人には特に困難ではありませんが、自然の岩のでこぼこをうまく使って体勢を安定させるコツをつかんでいないと苦労するかもしれません。実際、裏妙義では事故の多いポイントです。バランス力と上腕から前胸部の筋力が試されますが、あくまでも足で体を押し上げる気持ちが大切です。手や腕の筋肉はよほど鍛えていないと持久力に乏しく、岩場の多い長いルートでは筋力が維持できなくなるからです。鎖場が終わると程なく籠沢からのルートが左手から合流します。岩塊の北側を回り込んで丁須の頭に到着です❹（この部分は籠沢コースの解説参照）。ここまでの鎖場で腕の筋力を消耗した場合は、丁須の頭の頂上に続く鎖場は取り付かない方がよいでしょう。

岩洞のある鎖場❸

御岳山頂❹

④三方境コース

- ●コースデータ…標高差700m、距離(片道)4.0km、標準タイム(片道)180分
- ●アプローチ…車道1km以下　※最終駐車スペースから登山口まで

コースの特徴

　(旧)国民宿舎から三方境まではひたすら歩くコースで、傾斜もさほどでないことから、緩傾斜をそれなりのスピードで歩く練習になります。コースをしっかり頭に入れ、心拍数を心地よいレベルに保って、しっかり歩き続けましょう。三方境まで休憩なしのワンピッチで行きたいところです。三方境から烏帽子岩を回り込むところまでも、やや傾斜が強まった火山礫と落ち葉の登山道です。烏帽子岩から赤岩のトラバース、チムニー状鎖場、そして丁須の頭までが核心部で、バランス力が試されるところです。籠沢の下りは疲れた足腰には結構きつい急傾斜です。悪天候の時はスリップに要注意です。また、下りでは登山道の急な折れ曲がりが判りにくく、沢をそのまま下ってしまうことがしばしば起こります。踏み跡が怪しくなったと思ったら、すぐ振り返ってみることが大切です。

●コース時間目安
(旧)国民宿舎裏妙義ⓐ ……60～80分……▶ 三方境ⓑ
……40～60分……▶ 七人星ⓒ ……20～40分……▶ 赤岩大トラバース東ⓓ
……20～40分……▶ 丁須の頭ⓔ

舗装林道からの登山口❶

中木沢沿いの植林地帯❷

　(旧)国民宿舎入り口の橋を渡らずに、中木沢に沿う林道を西に進みますⓐ。未舗装の林道に入ると程なく道標があり、沢に下りて対岸へと渡ります。石伝いに水流を渡る部分はバランスチェックのよいポイントです。沢を渡る部分は降雨後の増水等で分かりにくくなることがありますが、対岸に渡り森に入るとルートは明瞭になりますⓑ。2015年からは(旧)国民宿舎から籠沢登山口方向へ舗装林道を進み、籠沢を林道のまま渡ってすぐ左に植林地帯を通過する登山口

ができました❶。こちらでもほぼ同じ距離ですが、沢の渡渉がない分は容易です。

　山道に入ると尾根の脇を巻くように三方境までなだらかな傾斜が続きます❸。枝沢を何度か渡るところは、踏み跡が不明瞭になっている場合がありますが、全体的な方向を見誤らなければルートは容易に判別できます。三方境まであえて休憩を入れず、一定のペースで傾斜地を登るトレーニングをしましょう。似たような林の中の風景が続くので単調な感じもしますが、少し飽きてくる頃に峠に飛び出します。

　三方境は明瞭な尾根上の十字路

幅の広い緩傾斜の登山道❸

三方境❹

烏帽子岩から丁須の頭方面❺

傾斜の緩い灌木帯❻

烏帽子岩基部を巻く❼

七人星付近の痩せ尾根❽

赤岩手前の鎖場❾

です❹。北東方向に直角に曲がります。ここから、足元の不安定な急傾斜になります。いくつかの踏み跡が交錯しますが、上に向かう踏み跡はどれも合流すると考えて問題ありません❺。細かい火山礫や枯れ枝に足をとられないようにするためには、足首を柔軟に使い、足をできるだけ地面と水平に置く動作が必要になります。下腿前面と足部の筋肉が鍛えられます。また、急傾斜での脚上げでは、大腿部から下腹部の筋肉が鍛えられます。スピードは多少落ちますが、ここでもなるべく休憩を入れずに烏帽子岩付近まで登ってしまいましょう❻。心拍数を意識して、脈拍の上がり過ぎに注意しましょう。

　烏帽子岩から先は心肺機能への負荷はグンと減ります❼。多少のアップダウンはありますが、大きなギャップではないのでそれほど苦にならない範囲です❽。むしろ、バランス能力や腕、胸部の筋肉の出番になります❾。しかし、こちらも表妙義や御岳コースに比べれば負荷は大きくありません。赤岩の大トラバースは、スラブ状の岩壁でスリップしないように十分な注意が必要ですが、よく見ると足場やホールドは豊富であり、程よく鎖や鉄製アングル、岩を削ったステップがあります❿⓫⓬。やはりこのコースの核心は丁須の頭手前のチムニー状の鎖場です⓭。初歩的なインサイドクライミング（岩の割れ目の中に入り込

んで登ること）になりますが、鎖やステップが整備されています。垂直に近く、距離も20ｍ程度と長いですが、高度感はないので、手足の突っ張り動作が得意な人には意外に簡単に感じられるでしょう。逆にこうした動作に慣れていない人には、体のさばき方が分からず、一歩がなかなか進まないことがあります。腕や脚を伸ばしながら摩擦を得る動作の非常によい練習ポイントです。体の柔軟さが最適な姿勢をとれるかどうかの分かれ目ですので、この鎖場の登下降で苦労するようであれば、日頃から柔軟体操を綿密にする必要があるでしょう。ところで、この鎖場は一度に1人しか通過できないので、混雑時には時間をとられる場合があります。紅葉時季などには時間に余裕のある計画を立てましょう。

　チムニー状の岩場を過ぎ、尾根上の小さな岩のギャップを回り込めば丁須の頭に到着です❹。下りは出発点に戻りやすい籠沢を使う人が多いでしょう。いずれのコースを下るにしても、登りで筋力を消耗した場合は、下りでの筋肉の衝撃緩衝能力が低下していますので、膝や足首の関節に不安のある人は要注意です。急いで走り下るような歩き方をすると、関節の障害や大きな事故のもとになりますから、下りもじっくり時間をかけて慎重に下りましょう。（下りコースについては前記"籠沢コース"などを参照）

赤岩の大岩壁方向へ進む❿

赤岩の大トラバース⓫

赤岩の大トラバース東側⓬

チムニー状の岩場⓭

丁須の頭西側の岩塔を鎖で越える⓮

山急山

　難コースの多い妙義山塊に隣接する西上州の小ピークです。妙義の縦走をするにはちょっと不安という、時間的制約や不安定な気象条件がある場合、あるいは体調がちょっと不完全という時にミニトレーニングとして便利なコースです。登山道に不明瞭な部分が多いので、歩きながら分岐をしっかり見分けるルートファインディング力と動体視力が試されます。

紹介コース

山急山（さんきゅうさん）コース

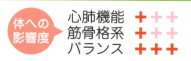

● コースデータ…標高差 400m、距離(片道) 1.5km、標準タイム(片道) 120 分
● アプローチ…車道 1 km以下　※最終駐車スペースから登山口まで

コースの特徴

　決してメジャーなコースではないので、踏み跡が不明瞭な部分が多々あります。しかし、地形は単純なので地図を正しく理解していれば大きく迷うことはなく、交錯した踏み跡もポイントポイントでは合流します。急峻で不安定な登山道を登下降するための筋力・体力が効率よく鍛えられます。また、西上州特有の灌木の下は崖という部分が複数ありますので、山頂付近は十分な注意が必要です。

● コース時間目安
林道分岐ⓐ …… 50〜90分 ▶ 山急山ⓑ …… 10〜20分 ▶ 五輪岩ⓒ …… 30〜50分 ▶ 林道分岐ⓐ

　小粕の集落から一段上の林道分岐部（林道ゲートあり）がスタート地点になりますⓐ。舗装された林道のつづら折りを登って行くと、大きなカーブの上に登山道入り口があります❶。ここから植林の森の中を進みます。浅い沢筋に踏み跡がありますが、かなり不明瞭です。地形を参考に登ります。踏み跡は沢沿いに進むものと左の枝尾根に上がるものに分かれますが、どちらも上部の同じ尾根に向かっています。行きを尾根ルート、下りを沢ルートとする方が分かりやすいでしょう。

　枝尾根に取り付くと、かなりの傾斜が続きます。足元は不安定な火山礫と枯れ枝で、決して歩きやすいとはいえません。心肺機能を鍛えつつ、太腿を大きく上げ足首をしっかり固定するという、負荷の大きい運動が続きます。頂上の稜線までワンピッチで上がりたいところですが、急ぎ過ぎると心肺機能がついていかないでしょう。心拍数が上がり過ぎないようにペースの配分を調整しましょう。

　頂上のある稜線は屏風状の岩場になっていて、登れそうなところに向

登山口のルートガイド❶

山頂手前のロープの張られた岩場❷

かって行くと自然に踏み跡が明瞭になっていきます。こまめにロープが張られていますので、頂上直下に複数あるルートの分岐に注意すれば、頂上へのルートを間違うことはないでしょう❷。頂上への最後の登りは狭い岩尾根をブッシュを避けながら進みます。ここでは心肺機能よりもバランス力と上肢や体幹部の筋肉が鍛えられます。社のある山頂直下トラバースルートの方が山頂北西尾根末端に上がる急峻なロープのあるルートよりも安定しています。ただし、社の東にある山頂への分岐を見逃すと山頂に登らずに五輪岩方面に進んでしまいます。不安定な登山道で体のポジションに注意しつつもルートを見逃さない注意深いルートファインディング力が試されます。全体の距離が短いので、頂上についてしまえばあっけなく感じるかもしれません❸。

　頂上から五輪岩への尾根は典型的な西上州の岩尾根です。森の中なので高度感はありませんが、岩が脆いので、転倒や転落には注意が必要です。頂上東稜線から一段下りる部分では、泥の詰まった急なルンゼをロープを頼りに下ります。足場も悪いのでバランス力が試されます。梶棒状の岩の脇を通り、五輪岩❸で西上州の低山を展望したら、尾根を途中まで戻り、沢沿いに下るルートに入ります。この辺りの踏み跡も極めて不明瞭ですが、歩きやすそうなところを拾って行くと自然に踏み跡が明瞭になってきます。相変わらず足元はかなり不安定なので、足首を保持するための下腿と足部の筋肉にはよい鍛錬になります。胎内潜りのような狭い岩場を過ぎると沢床に到達し、五輪岩を回り込んで林道終点の送電線鉄塔に出るルートが左に分岐します。沢右の尾根に沿った植林地帯を目指すと程なく登りで使用した枝尾根ルートと合流します。その後は森の中の緩斜面を整理体操の気分で下れば舗装林道に戻ります❶。

山急山山頂から東方向を望む❸

子持山

コンパクトながら
登山のさまざまな要素を体験できる
信仰の山

子持山大黒岩上の石碑

子持山

　子持山は、北群馬の里山的な存在です。北側は頂上近くまで林道が延びていますが、多くのハイカーは南面からのコースをその時のメンバーの好みや活動予定時間に合わせて選択しているようです。大黒岩（獅子岩）を代表とする立派な岩場もあり、里山的でありながら高山の雰囲気も一部感じられるところが人気の要因でしょう。市街地からアプローチが容易でそれなりに標高差もあることから、心肺機能を鍛えるためのトレーニング地として頻繁に通うのに適した山といえます。

紹介コース

①屏風岩コース　　体への影響度　心肺機能 ＋＋＋　筋骨格系 ＋＋＋　バランス ＋＋＋

②南面ワイドコース　体への影響度　心肺機能 ＋＋＋　筋骨格系 ＋＋＋　バランス ＋＋＋

③小峠コース　　　体への影響度　心肺機能 ＋＋＋　筋骨格系 ＋＋＋　バランス ＋＋＋

④ぐんま天文台コース　体への影響度　心肺機能 ＋＋＋　筋骨格系 ＋＋＋　バランス ＋＋＋

①屏風岩コース

● コースデータ…標高差 570m、距離（周回）4.2km、標準タイム（周回）180 分
● アプローチ…車道 1 km以下　※最終駐車スペースから登山口まで

コースの特徴

　岩場、急傾斜地、林道と、コンパクトな中に登山で出合うさまざまな要素が入った便利なトレーニングコースです。年に数日の降雪後を除けば、年間を通じてほぼ同じ条件で登下降できるので、時間比較にも向いています。毎年何度か通って、体調管理の指標とするとよいでしょう。

● コース時間目安
屏風岩下登山口駐車場ⓐ ⋯⋯ 30〜40分 ⋯⋯ ▶ 大黒岩(獅子岩)下尾根ⓑ
⋯⋯ 40〜70分 ⋯⋯ ▶ 柳ヶ峰三叉路ⓒ ⋯⋯ 20〜30分 ⋯⋯ ▶ 山頂ⓓ
⋯⋯ 20〜30分 ⋯⋯ ▶ 柳ヶ峰三叉路ⓒ
⋯⋯ 20〜30分 ⋯⋯ ▶ 標高1020m三叉路(大タルミ)ⓔ
⋯⋯ 30〜40分 ⋯⋯ ▶ 屏風岩下登山口駐車場ⓐ

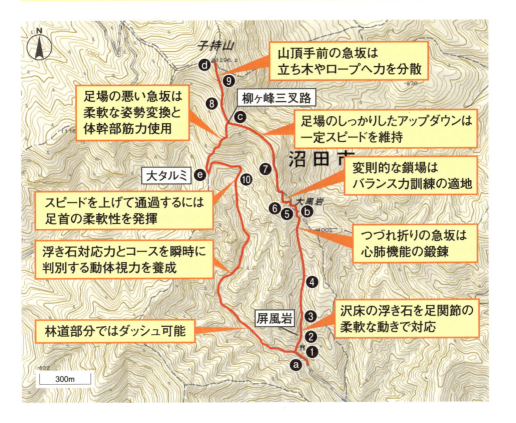

　子持神社脇の舗装林道を最奥部まで入った屏風岩下の駐車スペースから出発しますⓐ。屏風岩前の木道❶や太鼓橋❷は、雨や夜露で濡れていると非常に滑りやすいため、いきなりバランス訓練になります。その後も沢の水流を左右にまたぎながら進むため、樹林帯に入るまでは浮き石などで足場が悪く、バランス訓練のポイントとなります❸❹。早朝は森の奥で光が入りにくく、特に足の裏感覚が重要となり、バランスを崩した時のリカバリー能力も試されます。
　水流から離れると、樹林の中の登りになります。次第に傾斜が強まり、

屏風岩手前の木道❶

屏風岩前の滑りやすい橋❷

屏風岩すぐ上の沢❸

沢を渡りながら進む❹

獅子岩下のつづら折り❺

尾根に上がる手前は稲妻形に登山道が設定されています。傾斜がきつくなってきてもペースを落とさずに尾根まで上がれるかで、心肺機能のテストができます。心拍数が上がりすぎることなく尾根まで上がれるか試してみましょう❺。また、この辺りも浮き石が多く、足首を固定する筋肉群の鍛錬にもなります。

　尾根に上がっても、浮き石の多い足場と急傾斜は大黒岩(獅子岩)を回り込むまで続きます❺。大黒岩(獅子岩)を登る場合は、急傾斜地を立ち木や鎖につかまりながら登ることになるので、上肢や前胸部、体幹部の筋肉群の出番です。獅子岩最高部への鎖はバランスが取りにくい形なので、多少ロッククライミングの素養が必要です。しかし、岩は固く、ホールド・スタンスは豊富です。時間に余裕がある時は展望を楽しむためにも、是非、上まで上がってみましょう❻。

　大黒岩(獅子岩)から先は忠実に尾根をたどります❼。小ピークからの短い下りがありますが、それ以外は足下の安定した登りです。一定のペースを保ちながら標高を稼ぎましょう。柳ヶ峰の三叉路で大タルミ方面への道を分け、北に進みます❻。いったん平坦になりますが、すぐに傾斜が強まり、大腿を大きく持ち上げることが必要な傾斜が出てきます❼。また、ホールドやスタンスの取りにくい岩場がありますので、多少のバラ

ンス感覚が要求されます❾。ここまでの登りで疲労がたまっていると、苦痛に感じるかもしれません。しかし、ほとんどが樹林の中なので、高度感はなく心理的な負担や危険度は大きくありません。心肺機能を試すつもりで、休憩を入れずに一定のペースで登り続けるトレーニングを行いましょう。道が平坦になればすぐに山頂に到着です❹。

　下りは、柳ヶ峰までは登りと同じルートをたどります。岩場の下りはバランス感覚を問われるところで、登りよりも下りでのバランス保持が困難であることをよく実感できます。立ち木、岩の出っ張り、ロープなどから体勢保持に最も適したホールド・スタンスを瞬時に選択する能力が試されます。岩場の下りに慣れていない場合は、後続の人を気にせずに、一歩一歩ホールド・スタンスを確認しながら下ることが大切です。急傾斜の下りでは目の位置と次の足場が遠くなるので、膝を曲げて体勢を十分低くすることが求められます。大腿部や体幹部の筋肉には負荷が大きくなります。膝を中間位に保つ筋肉に不安があると、どうしても上体を曲げることで目の位置を下げる傾向が強くなります。こうなると上半身の前傾が強くなり、バランスが悪くなります。転倒した時に頭部を強打するリスクも大きくなるので、注意が必要です。

　柳ヶ峰からは西の尾根へ入りま

獅子岩から山頂を望む❻

獅子岩北側ザレ状登山道❼

山頂南の笹原尾根❽

山頂南の岩場❾

大タルミから林間の下り❿

す。こちらは極めて急傾斜となっており、固定ロープの張られている部分等は、「ここ下りられるの？」という感じです。足場も土砂の流出で不安定になっており、足首を柔軟に使って接地を図らないとすぐにズルッと滑ります。急な部分は長くはありませんが、不慣れな人は十分慎重に下る必要があります。ここも膝関節、股関節ならびに上体の屈曲伸展を大きく行い、全身でバランスを取ることが求められます。急傾斜地を安定した姿勢で下る能力のよいトレーニング場となります。

　急傾斜地を過ぎると尾根上の登山道はうそのように歩きやすくなり、すぐに標高1020mの分岐点（大タルミ）になります❺。直接屏風岩下の登山口に下りるルートは左手に折り返すように分岐します。勢いよく下ってくると通り過ぎる恐れがあります。ここから先の下りは山腹をトラバースしながら沢床まで標高を下げます。先ほどの急傾斜地よりは大分足場が安定しているので、少しスピードを上げて下ることもできるでしょう❿。沢床に下りれば、そこから先は水流を何度か渡りながら林道まで沢沿いに下ります。降雨後などはルートがわかりにくかったり、足場が不安定になっていたりしますが、水流沿いを離れないように歩いていれば自然に林道に合流します。浮き石に乗ってバランスを崩さないように、ここも足首を柔軟に使う必要があります。

　未舗装の林道に出たら、その後は一気にスピードアップして登山口まで戻りましょう。繰り返し訪れてトレーニングする場合は、しっかりと時間を計って、前回までと比較するとよいでしょう。大雪の後でもなければ、年間を通じてほぼ同じ条件で登下降できますので、スピードの比較には向いているコースです。（注：2017年7月1日現在　林道補修のため自動車は5号橋手前までしか入れません）

子持山山頂

②南面ワイドコース

●コースデータ…標高差650m、距離(周回)5.7 km、標準タイム(周回)230分
●アプローチ…車道1km以下 ※最終駐車スペースから登山口まで

コースの特徴

　前記の屏風岩下駐車スペースからの周回コースを前後に延長したコースです。メインの部分は変わりませんので、距離と標高差を2割程度伸ばし、持久系のトレーニング要素を増やした設定になります。時間に余裕がある時や、前記コースではちょっと運動量が物足りない時などに試すとよいでしょう。

●コース時間目安
5号橋駐車場ⓐ ……30～40分……▶ 反射板ⓑ
……10～20分……▶ 大黒岩(獅子岩)下尾根ⓒ
……30～40分……▶ 柳ヶ峰三叉路ⓓ ……20～30分……▶ 山頂ⓔ
……20～30分……▶ 柳ヶ峰三叉路ⓓ
……20～30分……▶ 標高1020m三叉路(大タルミ)ⓕ
……30～50分……▶ 尾根分岐ⓖ ……20～40分……▶ 5号橋駐車場ⓐ

5号橋上の登山口❶

5号橋上の尾根❷

5号橋上の岩の洞窟手前❸

「浅間山」と呼ばれる小ピーク❹

　5号橋上の駐車場脇から枝分かれした林道が始まりますⓐ❶。緩い傾斜を登っていくと、程なく左の植林帯へと登山道が分岐します。樹林帯の中は、傾斜を緩和するために斜面を斜上するようにルートが付けられています。尾根が近づいてくると傾斜が少しきつくなりますが、尾根に上がるまでは休憩なしで一定のペースで登って行くとよいでしょう。尾根の直下は登山道の足元がやや不安定になり、踏み跡も交錯しますが、尾根に上がるとルートは明瞭になります❷。

　尾根の上は大岩を回り込むように(直上を歩くことも可能だが)ルートが付けられています。足元がやや不安定ですが傾斜は緩く、尾根に上がるまでの急傾斜で負荷のかかった心肺機能を一休みさせると良いでしょうⓑ。屏風岩下から上がってくる登山道と合流する部分は岩を西側に回り込むように付けられています(岩の反対側にも踏み跡があります)❸。合流後は獅子岩に向かって前記コースと同じ道をたどりますⓒ。(中略：前記"屏風岩コース"参照)

大タルミから真南に向かう尾根に入ると、通行者が少ないために登山道の明瞭さが大きく低下します❶。しかし、小さなアップダウンはあるものの、全体的に緩やかな足元の安定した下りなので、トレラン風にスピードを上げて下る練習に向いています。心肺機能への負荷は少ない部分なので、走るまではいかないまでも、気持ちよく歩けるスピードで歩いてみると良いでしょう。浅間と呼ばれるピークも、登り下りともなだらかなので、距離の割にはあっという間に東に下りる枝尾根の分岐点に到達します❷❺。

「浅間」西の岩尾根❺

5号橋西の林間を下る❻

分岐点から先はやや急な尾根沿いの下りです。スピードを少し落とさないと、膝や足の関節および大腿前面の筋肉に大きな負担となります。前傾になりすぎないように膝に余裕を持たせた体勢を保ちながら、ほどほどのペースで下りましょう❻。木々の間から下に道路が見えるところまで下ると、最後は尾根南側の沢筋にいったん下り、その後すぐに道路に出ます❹。

③小峠コース

- ●コースデータ…標高差400m、距離（片道）2.4km、標準タイム（片道）60分
- ●アプローチ…車道1km以下　※最終駐車スペースから登山口まで

コースの特徴

子持山を北側から登るコースです。利根沼田方面からは便利なコースですが、使用される頻度は低いので、登山道の土留め等は荒れています。その分、フィールドアスレチック的にバランス能力を鍛錬することができます。

●コース時間目安
　小峠駐車場❹ ……30～40分…… ▶ 林道交差❺
　……20～30分…… ▶ 山頂❻

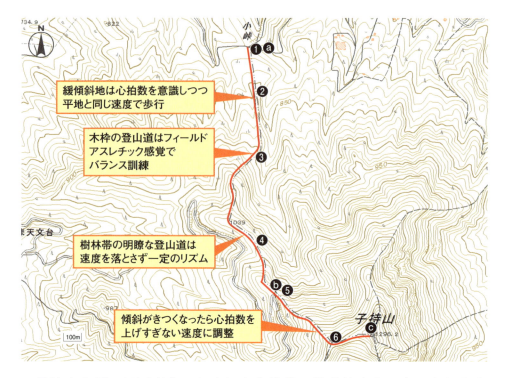

緩傾斜地は心拍数を意識しつつ平地と同じ速度で歩行

木枠の登山道はフィールドアスレチック感覚でバランス訓練

樹林帯の明瞭な登山道は速度を落とさず一定のリズム

傾斜がきつくなったら心拍数を上げすぎない速度に調整

子持山山頂のほぼ真北から入ります❶❶。林道終点まで車で入れますが、かなり狭いので運転者は注意が必要です。峠登山口の先も800mほどは作業用車両が通れる林道です❷。林道の途中から木階段で尾根に上がります❸。その先もほぼ忠実に尾根もしくはその脇をたどるのでルートは明瞭です。林道や里山らしい踏み跡がいくつか交差しますが、忠実に上を目指すだけなので迷う心配はないでしょう。出だしの木階段は急坂ですが、いったん傾斜が緩み、もう一段大腿前面の筋肉を積極的に使う傾斜となった後は一気に緩やかになります。しかし、足元は土砂の流出した土留めの枠などが多く、決して歩きやすくはありません❹。バランス保持能力と足元への注意力が養われます。約30分、もくもくと登って行くと未舗装の林道とぶつかります❺❺。そのまま林道に入って電波塔を経由してから山頂に向かうこともで

小峠登山口❶

小峠から山頂へ向かう登山道❷

きますが、通常はすぐに左手の樹林の中の山道に入り直します。ここからは傾斜がきつくなり、足元は滑りやすくなりますから、大腿・下腿そして足内部の筋肉に負荷が大きくなります。上部の視界が開けると山頂から西へ延びる稜線です（右に進むと先ほどの林道の終点となる電波塔です）❻。いったん平らになり、すぐにわずかの登りで山頂到着となりますから、最後は少しスピードアップしてみるとよいでしょう。車でアプローチする場合、下りも登りと同じコースを通ることになります。下り前半は砂礫の急傾斜歩行、後半は木枠を意識しながらの下りと足首を支える筋肉群には負荷の大きい構成です。大きなリスクはないものの、降雨の後等はツルッと、あるいはズルッと滑ってケガをしないように注意する必要があります。重心を低く維持して歩くことで大きな転倒を防止することができます。このため、スピードは控えめにする方がよいでしょう。

崩れかけた木階段を登る❸

林道合流部手前の木階段❹

天文台からの林道との合流部❺

頂上西側の笹原の稜線❻

④ぐんま天文台コース

●コースデータ…標高差 490m、距離（片道）3.9km、標準タイム（片道）90 分
●アプローチ…車道 1km 以下　※最終駐車スペースから登山口まで

コースの特徴

　ほとんどが林道歩きで、登山というよりは純粋な坂道歩行のトレーニングになります。山頂の直前まで林道歩きで到達できるコースは群馬では稀なので、天候不良時の代替コースとして、あるいは、何はともあれ運動しようという時などに重宝なオプションとして紹介します。

●コース時間目安
　天文台駐車場ⓐ……60〜90分……▶ 小峠ルート交差点ⓑ
　……10〜20分……▶ 山頂ⓒ

　ぐんま天文台の駐車場ⓐからゲートの先へ50m程職員用の舗装道路を進むと南東側に未舗装の林道が分かれます❶。ここから先、ひたすら林道を歩きます（途中にもう一度ゲートがありますが、これもくぐって進みます❷）。しばらくは沢沿いの林道ですが、途中から子持山の北西山腹を大き

く蛇行しながら上へ上へと延びています❸。電波塔までオフロード対応の4輪車ならば十分通れる幅があり、傾斜も車で上れる程度の緩やかな傾斜が続きます。従って、一定のリズムで登り続ける心肺機能ならびに下肢筋力を強化するには絶好のトレーニングコースです。体力に余裕があれば、"登りで走る"という実験もできます。また、少々天候に不安があっても安心して登れます。しかし、「登山道」としての味わいはほとんどなく、ストイックな練習向きといえます。

　全行程の3/4程度登ったところで、北から登ってくる小峠コースと交差します❻❹。明瞭な道標があります。ここから上は小峠コースと同じく林間の山道を急登して頂上に続く稜線に出ても良いし、そのまま林道を終点の電波塔まで進んでも構いません。電波塔経由のほうが傾斜が無いぶん、距離は約2倍になります❺。電波塔から山頂に進むには、電波塔の裏からほぼ真東に向きを変え、頂上から西に延びる尾根に入ります❻。尾根上も傾斜は比較的緩やかで、特に疲労感無く山頂までペースを上げて歩けるでしょう❼。電波塔と山頂の丁度中間地点が小峠ルートとの三叉路になります。

　車で天文台の駐車場まで来た場合は同じコースを下ることになります。電波塔から下の林道は十分走れる傾斜で、足元も特別不安定なところはありませんが、走る

天文台駐車場上の登山口❶

でこぼこの林道❷

林道の上部❸

場合は膝や足関節に負荷をかけすぎないようにスピードを調整しましょう。

小峠コースとの合流部❹

電波塔直下の林道❺

山頂手前の笹原❼

電波塔裏の登山道入り口❻

子持山山頂❽

里山から深山へ
変化に富んだトレーニングが可能なエリア
桐生市郊外の山

鳴神山頂から富士山遠望

桐生市郊外の山

　吾妻山から鳴神山までの稜線は桐生市郊外のエクササイズコースとして人気のあるエリアです。年間を通じて通うことが可能で、稜線の東西それぞれから複数のアプローチコースが開かれています。特に吾妻山はコンパクトながら傾斜地の歩行トレーニングに絶好の地形となっており、山頂からの展望も良いことから、毎日往復して健康増進に役立てている方々が多数おられます。

紹介コース

①吾妻山往復 または１周コース

②鳴神山梅田口コース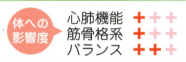

③鳴神山川内口コース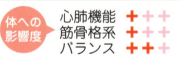

④鳴神山南部尾根コース

①吾妻山往復または１周コース

- コースデータ…標高差340m、距離（片道）1.3km、（周回）3km、標準タイム（片道）60分、（周回）120分
- アプローチ…車道1km以下　※最終駐車スペースから登山口まで

コースの特徴

　本格的なトレーニングコースというよりは、体調や天候をあまり気にせずに頻繁に通える身近なコースです。しかし、標高差はそれなりにあり、急坂の登り下りも練習できることから桐生市エリアの登山愛好家には絶好の健康増進コースといえます。

● コース時間目安
吾妻公園駐車場ⓐ ……20〜40分……▶ 第一男坂・女坂下ⓑ
……20〜40分……▶ 山頂ⓒ……（周回の場合）10〜20分……▶ 村松峠ⓓ
……20〜45分……▶ 舗装道路ⓔ……10〜20分……▶ 吾妻公園駐車場ⓐ

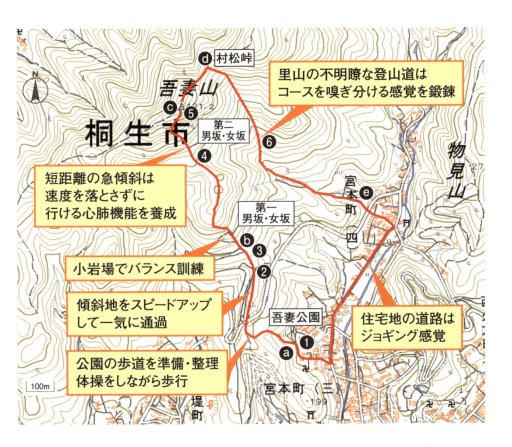

　吾妻公園ⓐ❶から舗装道路を陸橋で渡るところまでは、緩やかな坂道で準備体操です。橋を渡ると平坦で足元の安定した登山道になるので、スピードを上げて歩いてみるとよいでしょう❷。第一男坂・女坂ⓑ❸の上でいったん平坦になるので、ここでもスピードアップできます。第二男坂・女坂

吾妻公園入り口❶

171

中間部の平坦地❷

第一男坂下部❸

第二男坂❹

から山頂の稜線に上がるまでは一気に傾斜がきつくなります❹。ふとももを大きく上げる登りで、大腿部の筋肉群が強化できます。第二男坂の距離は極めて短いので、バランス力の鍛錬としては物足りないかもしれませんが、頻繁に通過することで、自身のバランス保持能力の変化を実感できるかもしれません。手を使うことはあまりないと思いますが、腹筋や背筋を使って上体を適切な体勢に保つ必要があるので、体幹部筋力の強化につながります。

頂上から延びる稜線に出れば、後は傾斜も緩み、一気に頂上までスピードアップできます❻❺。

下りで往路を戻ると、第二、第一男坂を通ることで急坂下りの良い練習ができます。膝関節や股関節を大胆に伸縮させて、重心を低く保ちながら下る練習になりま

吾妻山頂❺

す。適宜、手や上肢を使い、バランス保持・転倒防止を図るトレーニングもできるでしょう。

　往路が混んでいるときや歩行時間を延ばす場合には、山頂から北へ延びる尾根を進み、隣の小ピークを越えてさらに村松峠へと下ります❹。峠の道標に従って、主稜

宮本町の杉林の中を下る❻

線から東に進むと出発点に戻るコースに入ります。こちらのコースは典型的な里山ルートで、稜線から東側のやや急な植林帯をジグザグ道で下ります❻。すぐに沢沿いの作業道に出ます。そのまま進むとどんどん道がシッカリしてきて、住宅街の舗装道路になります。後はほぼ平坦な郊外住宅地の散歩道歩きです。距離も短いので、負荷をかけるのであれば、ジョギングのように小走りしたほうが壮快かもしれません。お寺を回り込めば出発点の駐車場です❹。1周2時間弱の程よい運動になります。

②鳴神山梅田口コース

- ●コースデータ…標高差588m、距離（片道）2km、標準タイム（片道）70分
- ●アプローチ…車道1km以下　※最終駐車スペースから登山口まで

コースの特徴

前半はなだらかな林道ですが、後半は傾斜がきつくなります。ふとももを大きく振り上げる動作はそれほどありませんが、傾斜が変化しても歩行速度が大きく変化しないような脚力・持久力を付けるのに向いています。下りでこのコースを使うときは、林道部分でスピードが上げられますが、急ぎすぎると足関節や膝関節には負担が大きくなるかもしれません。

● コース時間目安
舗装林道駐車スペース❶ ……50〜70分……▶ 稜線❶ ……5〜15分……▶ 山頂❶

鳴神山登山口❶

未舗装の林道を進む❷

植林地帯の登山道に入る❸

樹徳高校山寮手前の舗装林道脇からスタートします❶❶。しばらくは沢沿いの作業用車両が通行できる林道です❷。林道部分も傾斜は一定でなく、次第に傾斜が強くなっていきます。傾斜と心肺機能への負荷の関係が実感できる部分です。心拍数を気にしながら一定のペースを保って歩きましょう❸。足元が尖った大石の堆積となっている部分では、足首の角度にも注意が必要です。道がつづら折りになってくると、車両が通れるとは思えないほどの傾斜になり、その後すぐに登山道になります。つづら折りを繰り返しながら露岩の目立つ登山道を進みます❹。よく踏まれていて、足元はそれほど不安定ではありません。林道部分よりは速度が自然に落ちますが、それでも休憩を入れずに一気に稜線まで進みましょう❺❺。

稜線に出ると古い鳥居と建物跡があり、北方向に向きを変えて山頂を目指します。傾斜

は一気にきつくなり、足元も階段状になりますが、山頂までの距離は短いので、一気に山頂まで到達できるでしょう❻❻。もちろん、ここでも歩行スピードを調節し、心拍数を心地よいからややきつい程度に留めることが大切です。

稜線手前の小岩場❹

稜線上も樹林の中❺

鳴神山頂❻

③鳴神山川内口コース

- コースデータ…標高差550m、距離(片道)2.2km、標準タイム(片道)90分
- アプローチ…車道1km以下　※最終駐車スペースから登山口まで

コースの特徴

東面の梅田ルートと距離、標高差とも大きく変わりませんが、沢筋のコースのため、終盤で傾斜が一気にキツくなります。足場もやや悪いところが多く、バランス能力強化には東面よりも向いています。

● コース時間目安
駐車場ⓐ …… 50〜110分 …… ▶ 主稜線ⓑ …… 5〜15分 …… ▶ 山頂ⓒ

- 足場の安定した直線的な登山道はトレラン気分の速度をキープ
- 分岐を見過ごさない程度の速度で快適に歩行
- 長い舗装林道では膝への過負荷に注意
- 沢源頭部の急坂では体幹を自在に動かして体勢確保
- 足場の悪い沢床は足首の柔軟な動きで体勢の安定化

林道から登山道に入る❶

足場の悪い沢床を進む❷

舗装林道の大きなカーブが登山口ですⓐ❶。道標に従って林道分岐を進むと、すぐに沢沿いの登山道に入ります。ほぼ忠実に沢床をたどっているため、降雨の後などは踏み跡が不明瞭になります。しかし、沢の分岐部には明瞭な道標やケルンがあり、枝沢に迷い込んで大きくコースを外す可能性は高くありません。キョロキョロしながら足を置きやすい場所を選んで歩くとよいでしょう。いずれにしても浮き石が多いので、足首を適切な角度に保持するための下腿の筋力が鍛えられます❷。転倒防止

には、登りからストックを積極的に使用してもよいでしょう。

　水流が少なくなってくると尾根の側壁を稲妻形に斜上するコースに導かれます❸。傾斜がややキツくなりますが、極端にペースを落とす必要はない程度の傾斜です。心拍数を気にしながら歩行速度を調節しましょう。沢床から離れ、次の休憩を入れようかと迷う頃に鳴神山系の南北主稜線に飛び出しますⓑ❹。

　主稜線から山頂までは傾斜がきつくなり、コースも階段状ですが、距離が短いので、一気に登ってしまっても良いでしょうⓒ❺。

　このコースをたどった後に、出発点に戻るには、登りと同じ沢コースと、山頂すぐ西の別ピークに登ってから北側の尾根・沢を経て林道に下りるコース（赤柴口）の2つが選択できます❻。北側ルートの傾斜は全体的に緩いですが、終盤の林道歩きが長くなりますので、時間には少し余裕をみた方がよいでしょう。林道をトレランのトレーニングとして走ってみるのにはよいコースです❼。

沢から離れ尾根を目指す❸

主稜線に合流する❹

鳴神山頂の祠❺

雑木林の中を北へ進む（椚田峠）❻

植林地帯の緩傾斜を快適に下る❼

④鳴神山南部尾根コース

●コースデータ…標高差 840m、距離（片道）9.5km、標準タイム（片道）360 分
●アプローチ…車道 1km以下　※最終駐車スペースから登山口まで

コースの特徴

里山の稜線をたどる、体力強化コースです。吾妻山の頂上から北に延びる稜線をひたすらたどりますが、小さなアップダウンがたくさんある

ので、距離・標高差の数値からの印象よりは遥かに大きな負荷がかかります。短めのコースでは鍛えきれない持久力を養成するのに向いているコースです。なお、尾根の東西に道路に出るエスケープルートが複数あるので、途中で断念して道路に下りることが可能です。しかし、道路に下りても公共交通機関を期待しがたい場合が多いので、結局道路を歩くことにはなります。また、鳴神山から東に下りても西に下りても、出発地点に戻るには長い道路歩きが待っており（あらかじめ車を回しておく、迎えの車を予約するなどが賢明）、その点でも歩行の持久力鍛錬のアドバンスドコースといえるでしょう。頻繁に通うトレーニングコースに採用する気にはなれないかもしれませんが、何年かに一度、体力の変化を確認するのには理想的なコースです。

●コース時間目安

吾妻公園駐車場 ⓐ …… 40〜80分 …… ▶ 吾妻山 (P481) ⓑ
…… 40〜80分 …… ▶ P568 ⓒ 40〜80分 …… ▶ 大形山 (P681) ⓓ
…… 40〜80分 …… ▶ 三峰山 (P697) ⓔ
…… 20〜40分 …… ▶ 花台沢の頭 (P811) ⓕ
…… 20〜40分 …… ▶ P815 ⓖ 40〜80分 …… ▶ 鳴神山 (P979) ⓗ
（注："P" は国土地理院1/25000地形図上に数値記載されたピークの標高）

水平距離ほぼ10kmのロングコースですが、稜線上の各ピーク間の標高差はほとんどが50〜100m程度で、吾妻山 ⓑ❶❷ を登った後に100m以上の標高差があるのは、P568 ⓒ の手前の標高差120m、P811 ⓕ の手前の標高差140mだけです。それぞれの登り下りも比較的緩やかで、大腿を大きく挙上するような登りや膝関節や足関節への大きな負荷を感じる下りもありません。よく踏まれている尾根道なので、里山特有の枝道が多く分岐する割には進路を戸惑うようなこともほとんどないでしょう。従って、安心して"歩き"に集中できます。また、各ピークはあまり特徴がないので、どのピーク上にいるかを正確

吾妻山頂 ❶

吾妻山北の植林帯尾根道 ❷

伐採後の明るい尾根道を進む❸

大形山頂❹

三峰山頂❺

鳴神山頂上手前十字路❻

に認識しながら歩くことが難しい地形です。

　持久力に自信のある人には、終始快適なペースを維持して歩くことができるでしょう。しかし、アップダウンの回数が多いので、後半になると疲労がたまってきます。脚が重くなってきたら、オーバーペースと考えた方がよいでしょう。グループで挑戦した場合、前半で個人差がでなくても、後半から終盤では持久力によるスピードの差が顕著になります。実力を比較するという目的では大変面白いコースですが、山でスピードを競うことは必ずしも健康増進につながりませんので、あくまで個人個人の実力に応じて歩行スピードを調節することをお勧めします。

　また、このコースは"歩き"に徹することができるロングコースなので、傾斜地の歩きが人体の代謝に及ぼす影響を実感しやすいコースです。いわゆる「シャリバテ」をしないカロリー補給のタイミング、水分補給のタイミングなどを意識しながら歩くことも可能です。空腹感やのどの渇き、尿意の頻度や尿の濃さなどをチェックしながら、体の変化を現場で考えてみてはいかがでしょう。（地形的に特徴の少ないコースなので地点記号、写真番号は本文中には一部のみ記載しました）

袈裟丸山

　袈裟丸山は日光連山の南に延びる尾根の末端に当たります。標高は2000m弱ありますが、山麓を舗装林道が取り巻いていて、自動車を利用すれば標高差1000m未満で山頂まで到達できます。半日で往復できるコースはエクササイズの場として年に数回訪れることも困難ではありません。ただし、冬場や大雨の後には舗装林道も通行が困難になることがあるので、アプローチ道路の状況を事前に調べてから出かけるとよいでしょう。

紹介コース

①郡界尾根コース

②折場口コース

③寝釈迦:塔ノ沢口コース
　（賽の河原まで）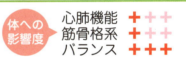

①郡界尾根コース

- コースデータ…標高差725m、距離（片道）4.5km、標準タイム（片道）120分
- アプローチ…車道1km以下　※最終駐車スペースから登山口まで

コースの特徴

　樹林帯のよく踏まれた登山道が続きます。奥袈裟丸方面や八丁反を経て前袈裟丸方面に向かうのでなければ、ルートの不安はなく、純粋に体力トレーニングとして取り組むことができます。その分、ペースを上げられる人とそうでない人で所要時間差が大きくなるでしょう。

- コース時間目安
　駐車場ⓐ ── 90～150分 ── ▶ 山頂ⓑ
　（全体として傾斜が緩いので、登りも下りもあまり時間は変わらない）

整備された木の階段と木の根の這ったやや急な斜面から始まります❶❷。呼吸を整えながら快適なペースをつかみましょう。傾斜が緩むと爽快な草原地帯に出て視界が開けます❸。しばらくは、平坦ないしは緩やかな登り下りが続くので、最も快適なペースで休まずに歩くとよいでしょう。コースのほぼ中間から傾斜が次第にきつくなり、木の根や岩のやや急な登りが出てきます。傾斜に合わせてペースを調節し、できるだけ大休止はとらずに登りましょう。一部に腿上げ運動のような急なポイントもありますが、足場はしっかりしています。傾斜が緩み、林間の細い尾根になると、山頂まではわずかです❹。後

舗装林道脇の登山口❶

登山口直後の階段❷

袈裟丸山までは足元もそれほど不安定なところはありません。

　下りの前半部は、立ち木をうまく使ってバランス保持を図りながら、急な傾斜を一定のペースで歩きましょう。傾斜が緩んできたら、気持ちのよい草原地帯となりますから、登山口までペースを上げて歩き切りましょう。小さな登りもペースを極端に落とすことなく歩き切れる程度です。

（注）後袈裟丸から前袈裟丸を行き来するためには崩壊の進む八丁反を通過する必要があります❺❻。バランス保持に十分な注意が必要で、足場が悪いため重心を低くして浮石に足をとられないように慎重に一歩一歩進むことが求められます。また、北の奥袈裟丸方面は刈り払いがほとんど行われないため、藪漕ぎになります。ルートファインディングの能力と、シャクナゲなどの強靭な枝を押し開く腕力、上半身の筋力が必要です。

明るく開けた笹原❸

後袈裟丸山頂❹

前袈裟丸山へつながる八丁反り❺

前袈裟丸山頂❻

②折場口コース

- ●コースデータ…標高差 650m、距離(片道) 5km、標準タイム(片道) 140分
- ●アプローチ…車道 1km以下　※最終駐車スペースから登山口まで

コースの特徴

　全体を通して緩傾斜で、ほぼ一定のペースで登り下りできるので、心肺機能強化というよりは、足腰の持久力のトレーニングに向いています。平坦地ではペースを上げても心肺機能に影響が少ないことを確認してもよいでしょう。前袈裟丸山頂手前の急斜面は心肺機能に影響がでますが、距離が短いので一気に登り切れるようにペースを調整しましょう。

●コース時間目安
駐車場ⓐ ……40～50分……▶ 賽の河原ⓑ ……40～50分……▶ 小丸山ⓒ ……40～50分……▶ 山頂ⓓ
(全体として傾斜が緩いので、登りも下りもあまり時間は変わらない)

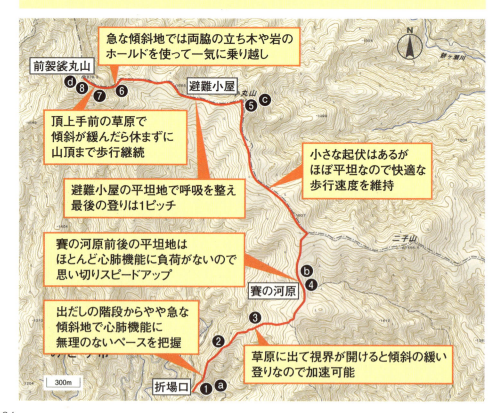

出だしは木の階段と木の根の這う緩斜面で心肺機能の準備体操には適度な負荷です❶❶。爽快な草原地帯に出て視界が開けたら❷、賽の河原の平坦地まで一気に登り切るとよいでしょう❸。賽の河原❹❹から小丸山までは、小さなピークがあるものの、ほとんど平坦なので、ペースを上げて歩けます❺❺。足下もそれほど不安定なところはありません。小丸山から少し下りとなりますが、ペースが乱れるほどの距離ではなく、足元もしっかりしています。避難小屋のある平坦地に着いたら、最後の急傾斜の前に呼吸を整えておきましょう。避難小屋から前袈裟丸山までは腿上げ運動のような急なポイントもありますが、足場はしっかりしています❻。30分程度なので、傾斜が急でも一気に登り切れるペースで歩きましょう❼❽。

　下りでは、小丸山とその南の小ピークで小さな登りがありますが、気になるほどの距離ではないので、下りも一定のペースを保って歩きましょう。賽の河原から登山口までは木の根や小石が少し気になるかもしれませんが、傾斜はそれほど急ではないので、若干重心を低く保つ程度で体を安定させることができます。

折場口出だしの木階段❶

草原手前の平坦地❷

賽の河原手前の明るい草原❸

賽の河原❹

小丸山頂❺

ロープが下げられた
前袈裟丸山頂手前の急坂❻

前袈裟丸山頂直前の草原❼

前袈裟丸山頂❽

③寝釈迦：塔ノ沢口コース(賽の河原まで)

- コースデータ…標高差 690m、距離（片道）2.9km、標準タイム（片道）90 分
- アプローチ…車道 1 km 以下

コースの特徴

　沢沿いの緩傾斜部の多いコースです。沢床の不安定な石がころがる登山道なので、足を安定して着地させるための、足首の柔軟性と関連する下腿筋肉群が鍛えられます。距離と標高差の割には疲労が溜まるコースです。前袈裟丸山まで行くと行程がかなり長くなります。途中の賽の河原までの往復でも、繰り返しトレーニングとしては十分な運動量です。歩行スピードを上げることで、心肺機能、足首を安定させるための下腿筋肉群、バランス感覚、動体視力など登山の総合力が強化されます。前袈裟丸山頂をこのコースで往復すれば、持久力も強化され、充実したトレーニングになります。

- コース時間目安
  塔ノ沢登山口駐車場❶ ⋯⋯ 30〜60分 ⋯⋯▶ 寝釈迦❷
  ⋯⋯ 30〜60分 ⋯⋯▶ 賽の河原❸
  （季節や天候によっては沢の渡渉点選択やルートファインディングで予想外に時間がかかる恐れがあります）

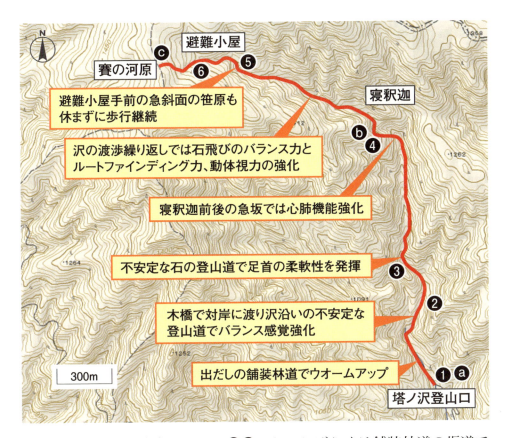

　塔ノ沢登山口の駐車スペース❶❷から、しばらくは舗装林道の坂道です。心肺機能の準備体操としてペースを調整しましょう。前方に滝を見て、木橋を渡ると沢沿いに付けられた登山道が始まります。砂防ダムをいくつか過ぎると、沢床の不安定な部分が多くなります。尖った石がゴロゴロしているため、足の着地ごとに気を使う部分が少なくありません❷。その分、足首周囲の筋肉群の強化にはなります。傾斜は全体として緩いものの、沢の左右へと渡渉を繰り返すので、小さなアップダウンがたくさんあります❸。寝釈迦の手前でいったん急傾斜になりますが、急傾斜部の距離は短いので、ここは気合を入れて一気に登りましょう❹❺。

　寝釈迦の上も沢床の登山道が続き、渡渉頻度が多くなります。渡るポイントの選定ではルートファインディング力が試されます。また、石を飛びながら渡る時には動体視力が試されます。沢沿いのコースのため、崩壊部も多く、天候次第では予想外に時間がかかる可能性があります。沢から離れて笹原の急坂を登るとすぐに避難小屋です❺。避難小屋の先で傾斜も緩むので、賽の河原までは心肺機能強化を意識して一気に歩き切るとよいでしょう❻❻。

塔ノ沢登山口❶

賽の河原から前袈裟丸を往復するとさらに3〜4時間を要するので持久力強化トレーニングになります。林道歩行距離が延びることをいとわなければ、折場口へ下りて、林道を走って塔ノ沢登山口の駐車スペースに戻るコースも考えられます。

浮き石の多い不安定な登山道❷

避難小屋手前の笹原❺

繰り返しあらわれる渡渉用の橋❸

賽の河原手前の避難小屋❻

ほぼコース中間点の寝釈迦像❹

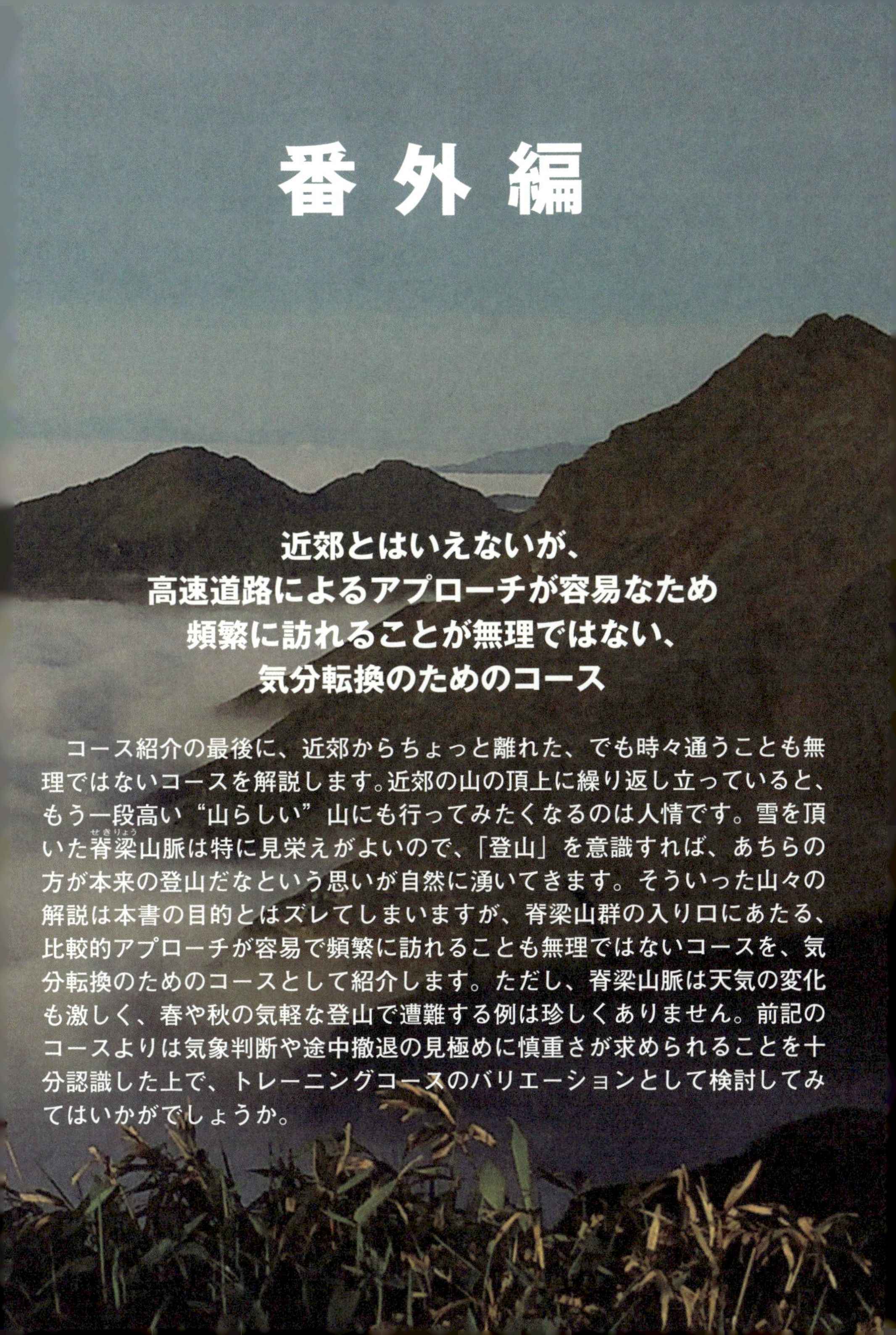

番外編

近郊とはいえないが、
高速道路によるアプローチが容易なため
頻繁に訪れることが無理ではない、
気分転換のためのコース

　コース紹介の最後に、近郊からちょっと離れた、でも時々通うことも無理ではないコースを解説します。近郊の山の頂上に繰り返し立っていると、もう一段高い"山らしい"山にも行ってみたくなるのは人情です。雪を頂いた脊梁(せきりょう)山脈は特に見栄えがよいので、「登山」を意識すれば、あちらの方が本来の登山だなという思いが自然に湧いてきます。そういった山々の解説は本書の目的とはズレてしまいますが、脊梁山群の入り口にあたる、比較的アプローチが容易で頻繁に訪れることも無理ではないコースを、気分転換のためのコースとして紹介します。ただし、脊梁山脈は天気の変化も激しく、春や秋の気軽な登山で遭難する例は珍しくありません。前記のコースよりは気象判断や途中撤退の見極めに慎重さが求められることを十分認識した上で、トレーニングコースのバリエーションとして検討してみてはいかがでしょうか。

谷川岳（天神尾根・西黒尾根）

　群馬、新潟の県境に位置し、天候の変化が激しい谷川岳連峰の中心に谷川岳山頂があります。群馬県側の東面、南面は侵食が進み、一の倉沢衝立岩を筆頭に多数の岩登り、沢登りのバリエーションコースが開拓されています。尾根筋は笹原の草原状のところが多く、天気の良い時には爽快な縦走ができます。ここではトレーニングとして頻繁に通うことが可能な入門者向けの天神尾根と西黒尾根を紹介します。

紹介コース

①天神尾根コース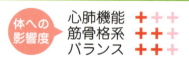

②西黒尾根コース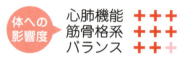

①天神尾根コース

●コースデータ…標高差 640m、距離(片道) 2.7km、標準タイム(片道) 100 分
●アプローチ…ロープウェイ　※最終駐車スペースから登山口まで

コースの特徴

　日本100名山谷川岳の入門コースです。ロープウェイで天神平まで上がってしまえば、後は標高差600m少々、距離も2.7kmとお手軽です。お手軽にもかかわらず、後半部では脊梁山脈らしい素晴らしい風景に出合え、「登山」の雰囲気は抜群です。しかし、人気ルートだけに夏休みシーズンや紅葉シーズンには多くのハイカー、登山者が訪れるため、数カ所ある狭隘な場所で渋滞すら発生します。トレーニングを意識するのであれば、あえて空いている時季や曜日を選ぶことをお勧めします。また、残雪期や濃霧時には肩の広場付近などで道迷いによる転滑落や下りでの転倒事故が多数発生しています。油断は禁物です。

　前半はほとんど平坦、もしくは短い登り下りの繰り返しです。後半部分で一気に高度を稼ぎます。心肺機能への負荷は後半部です。足元は条件にもよりますが、全体的に不安定で滑りやすい地形です。特に濡れた蛇紋岩（緑色のツルツルした岩）は非常に滑りやすく、慎重に脚を運ぶ必要があります。下りで転倒して捻挫や骨折に至る事例が頻繁に発生しています。もちろん、残雪期にはある程度雪山歩行の訓練をしてから臨まないと大きな事故につながる可能性があります。しかし、比較的コンパクトでよく整備されたコースですので、天候の安定した時期に頻繁に通って、脚力や心肺機能をチェックしながら歩くことにも向いています。

●コース時間目安
天神平ロープウェイ駅ⓐ ⋯⋯ 20〜40分 ⋯⋯▶ 熊穴沢避難小屋ⓑ
⋯⋯ 20〜40分 ⋯⋯▶ 天狗の溜まり場ⓒ ⋯⋯ 20〜40分 ⋯⋯▶ 肩の小屋ⓓ
⋯⋯ 5〜10分 ⋯⋯▶ 山頂ⓔ

　ロープウェイ天神平駅ⓐ❶から山頂方面に進むとしばらくは尾根を回り込む緩傾斜が続きます。一番心地よく歩き続けられるレベルにペースを調整しましょう。途中から田尻尾根コースが分かれます❷。木道や小さな岩場が所々ありますが❸❹、特に下肢の筋肉や関節に大きな負荷がかかる場所はありません。いったん平坦になった後、不安定な階段状の急登があります❺。残雪期には滑りやすく、登る人と下る人の通過もやりにくい部分です。ここは、大腿部を大きく振り上げる筋肉群の出番です。再度平坦になり、尾根上

天神平❶

田尻尾根分岐❷

田尻尾根分岐後の岩場❸

天神平からの遊覧道合流部付近❹

尾根に登る手前の傾いた木階段❺

の小ピークを東側から巻きます❻。途中に沢の源頭を横断する鎖の付いた小さな岩場があります❼。この前後も、階段状で、大腿筋肉群の活躍する急登です。しかし、いずれも距離は極めて短く、心肺機能よりもバランス保持能力の出番です❽❾。

　熊穴沢避難小屋で距離は半分ですが、頂上までの標高差のほとんどはこれ以降です❺。特に小屋を過ぎてすぐ現れるロープの下がった尾根上の窪地❿、西黒沢側が切れ落ちたガレた鎖場⓫の辺りは傾斜も急で、大腿部を大きく振り上げる動作が必要です。また、天狗の溜まり場❻前後に短い平坦地があるものの⓬⓭⓮、ほとんど切れ目ない登りですので⓯、心肺機能もフルに発揮する必要があります。熊穴沢避難小屋から頂上まで休憩なしで歩き続けられるペースを保ちたいところですが、狭隘な場所の通過で、下りの人が待っている状態では、自分のペースを守って歩くということがやりづらくなりますので、混雑するシーズンや時間帯はできるだけ避けることが賢明です。

　「天神ざんげ」⓰と名付けられた岩を過ぎると、肩の広場下のガレ場に飛び出し、頂上まであと一息です⓱。階段が付けられていて、いったん肩の小屋❼へと誘導されますが、ここは休憩を入れずに頂上まで登ってしまう方がペースが乱れずによいでしょう❽⓲。頂上（トマの耳）に着いて余裕があれば、15mほど標高の高い隣のオキの耳まで行ってみましょう。片道10〜20分程度です⓳。

　下りも天神尾根をたどる人がほとんどですが、上部の岩の露出した部分での転倒事故は少なくなく、特に

降雨後や雪解け水で岩が濡れているときは慎重過ぎるくらいの注意が必要です。一歩一歩確実に足を進め、足が滑っても大きく転倒することのないように、上半身や腕もすぐに支えに入れる体勢を取りながら歩くことをお勧めします。残雪期に積極的に滑り降りる熟達者を除いては、下りの前半部は登りと同じあるいはそれ以上に時間がかかると思っておいた方がよいでしょう。しかし、逆にいうとバランス力の完成には非常に良いトレーニングコースといえます。膝や足首の関節に余裕を持たせる歩き方、体幹部を自由自在に屈伸する柔軟性、スタンスやホールドを瞬時に見分ける動体視力など、登山のベテランになるために必須の能力が鍛えられます。

　下りの後半は大きなアップダウンはないものの、下り途中での小さな登りは意外につらく感じます。登りと下りの前半で体力を消耗してしまい、心肺機能に余裕がない状態では、特につらく感じるかもしれません。天神尾根コースの下り後半のアップダウンがほとんど気にならないでスピードアップして歩けるようであれば、心肺機能、持久力はなかなかのものと考えてよいでしょう。なお、下り後半の木道や木階段も濡れているとスリップしやすくなります。大きな転滑落のリスクはほとんどありませんが、転倒時の打ち所が悪いと骨折などを容易に起こしますので、ロープウェイ駅舎が見える最後の平坦地まで油断は禁物です。

小ピークの西黒沢側を巻く❻

熊穴沢避難小屋手前の鎖場❼

熊穴沢避難小屋手前❽

熊穴沢避難小屋手前の石の多い登山道❾

熊穴沢避難小屋上のロープ❿

熊穴沢避難小屋上の鎖場⓫

天狗の溜まり場⓮

天狗の溜まり場手前の岩場⓬

天神ざんげ⓰

天狗の溜まり場付近の明るい尾根⓭

肩の広場下の階段⓱

後半の笹原の登り⓯

山頂から茂倉岳方面⓲

谷川岳山頂と隣のオキの耳⓳

②西黒尾根コース

●コースデータ…標高差1200m、距離(片道) 3.0km、標準タイム(片道) 200分
●アプローチ…車道1km以下　※最終駐車スペースから登山口まで

コースの特徴

　谷川岳エリアで本格的な登山を目指す人にとっては、土合地下駅の階段をダッシュで登り、西黒尾根を2時間以内で登ることが必要条件と考えられた時代もありました。しかし、ロープウェイを使って最短コースで頂上を往復する人が圧倒的となった現在、西黒尾根は地味な存在となっていて、ここで体力チェックをする人は非常に少ないのが現状です。とはいえ、マチガ沢の雪渓を見下ろしながら標高差約1200mを一気に登る豪快なコースの存在意義は今も変わることはなく、体力チェックのゴールデンコースといえるでしょう。
　このコースはとにかく登りの体力(心肺機能)強化に向いています。登りの途中に小ピークが2つほどあり、わずかな下りが挿入されることを除けば、終始一貫して急な登りが続きます。鎖場もいくつかありますが、長いところはなく、バランス保持能力強化向きというよりは、「ひたすら登る」コースと考えるとよいでしょう。大腿部を大きく振り上げる必要のある急傾斜も所々あります。本書で紹介する近郊のコースのほとんどが標高差500m前後ですから、1200mを一気に登る練習コースは貴重です。日本国内の登山ルートのほとんどで、一般登山者の1日の登りは1000m前後と

なっています。従って、このコースを繰り返し練習することで、1000mを超える標高差を苦もなく登れるようになっていれば、国内の山のほとんどは体力的に不安なく挑戦できるということになるでしょう。（もちろん、標高差500m前後のコースを連続して2往復するというトレーニング法もありますが……）。

逆に西黒尾根の下りでは、急坂を休みなく下り続けることになるので、足首・膝関節への負荷は非常に大きいものがあります。それらの関節に不安のある人は西黒尾根を登り天神尾根を下ることで、下りのストレスを半分ロープウェイに負担してもらうとよいでしょう。本書の提唱する「健康増進登山」の観点からは、下りでの関節消耗が抑えられる「下り天神尾根」を積極的にお勧めします。

●コース時間目安
国道291号 登山指導センター裏 西黒尾根登山口❶
…… 10〜30分 …… ▶ 送電線鉄塔❷ …… 20〜60分 …… ▶ P1140❸
…… 30〜70分 …… ▶ 巌剛新道分岐❹ …… 40〜80分 …… ▶ ザンゲ岩❺
…… 20〜40分 …… ▶ トマノ耳山頂❻

舗装国道から道標に従って西黒尾根コースに取り付きます❶❶。いきなり足場の悪い急斜面で始まります。残雪期や降雨後は足元が不安定で滑りやすく、バランス力や足の置き場所の違いで登る速度に大きな差が出ます。水場を左に見るところでいったん傾斜が緩みますが、すぐにまた急な登りになります。送電線の鉄塔下までで、約120mの標高差がありますが、ここまでにかかる時間でおおよその体力（心肺機能と脚力）が判定できます❷。ここで呼吸を整えますが、まだまだ序盤ですので、大休止ではなく、数分の水分補給程度に留めて登りのペースを崩さないようにしたいところです。

ここから巌剛新道との合流点手前の鎖場までは根性のいる樹林帯の登りになります❷。景色も見えず、ひたすら単調な足元

舗装国道脇の登山口❶

木の根の這う荒れた登山道❷

森林限界上の岩場❸

「ラクダの背」と呼ばれる小ピーク❹

巖剛新道分岐部❺

上部の岩溝を登る❻

を見つめながら急な傾斜を登り続けます。途中に1140mの小ピークを通過しますが、ここも休憩は入れずに黙々と歩き続けましょう❻。巖剛新道合流点までは大休止で脈拍や呼吸を整えるのではなく、歩くペースの緩急で心肺機能への負荷を調整しましょう。つらい登りですが、停止せずに登り続けられるご自身のペースを推し量るには絶好のトレーニング場といえます。所々倒木の乗り越しや窪地の通過などで、大腿部を大きく振り上げるような傾斜が出てきますので、登りに必要な下肢筋肉群全体が鍛えられます。

　西黒沢側が見通せる外傾した岩場にでると前半の急登もほぼ終了です。鎖のついた岩場を3つほど通過すれば森林限界を超えた爽快な尾根コースに変貌します❸❹。各岩場はホールドやスタンスが豊富でシッカリしているので、鎖に頼らなくても容易に登れます。程よいバランス力トレーニングになります。特に上部の鎖場は若干足元が滑りやすいので、岩場で体勢を保持するコツを試すことができます。尾根上の小ピークを西黒沢側から巻くと、短い下りで巖剛新道との合流点です❹❺。このコースで大休止を入れるのであれば、ここがお勧めです。景色もよく、上部の状況もよく見渡すことができます。標高差も水平距離もこの地点で頂上までの約60%ですので、後半の疲労による減速を考慮すると、ここまでに要した時間が全体

所要時間の半分ぐらいに相当するはずです。

　水分補給とシャリバテ防止のカロリー補給を行ったら、後半の登りにとりかかりましょう。傾斜は若干急になりますが、つづら折り状にコースが付けられているので、前半よりもむしろ緩傾斜に感じるかもしれません。ガレ場状のところでは、浮き石に注意が必要ですが、特別なバランス能力を要するほどではありません❻。樹林帯よりも開放感があるため、傾斜の割には負荷が大きいことを意識しないで歩けるでしょう。鎖の付けられた岩の窪みを登ると氷河の爪痕と呼ばれる、線条の入った岩のテーブルになり❼、その後ナイフリッジ状の尾根の狭い部分❽を過ぎれば程なくザンゲ岩です❺❾。後半部は足元の地形が少しずつ変化するので、雄大な風景と相まって、

氷河跡といわれる岩場❼

ゴジラの背状の痩せ尾根❽

ザンゲ岩❾

頂上手前から西方向を望む❿

前半のような「長くつらい尾根」という印象が払拭されます。足元の状態は変化しますが、あえて踏み跡から外れて岩の上をたどるようなことをしなければ、バランスを取ることに困難を感じるところはないでしょう。しかし、時間はそれなりにかかっていることが多いので、ペースの変化を時計でチェックしながら歩くとよいでしょう。

　ザンゲ岩手前の急な登りを過ぎると傾斜が緩み、肩の広場へと続く広い登山道になります❶。しかし、トマノ耳まですぐかというと、まだ標高差で100mほど登る必要があり、ラストスパートを早くかけすぎると息が続かなくなる可能性があります。傾斜が緩んでも、ここまでの登りで筋肉が疲労していることを勘案して、ペースはそれまでと同じか、若干上げる程度にしてトマノ耳までの最後の登りを歩くとよいでしょう。肩の小屋がすぐそばに見えますが、小屋に寄って大休止する場合は山頂を経由してからの方が、ペース配分上は有利です。また、トマノ耳からオキノ耳までは40mほど下り、50mほど登り直します。心肺機能の余力を考えて往復するかどうか考えるとよいでしょう f ❶。トレーニングとして繰り返し訪れる場合も、その時々の体調

谷川岳トマノ耳山頂 ❶

残雪期の谷川岳山頂から西方向を望む

に合わせてオキノ耳往復や、その先の一の倉岳往復を選択することをお勧めします。オキノ耳の往復をつらく感じるかどうかは、心肺機能や下肢筋力の予備力判断の材料になるでしょう。下りに西黒尾根を使う場合、上部の岩稜ポイントを通過する際に転倒・転落に特に注意が必要です。登りではあまり気にならなくても、下りで下方向を見下ろしながら歩くと、意外に高度感があり、傾斜も急に感じます。濡れた岩やガレた部分では特にスリップに注意が必要で、目の位置と次に足を置く場所との距離が少しでも短くなるように、また、万が一転倒しても大きなモーメントが生じないように、膝に余裕を持たせ、体幹部の筋肉を柔軟に使って、重心を低く保ちつつ歩くことが求められます。西黒尾根を往復する場合、登りで筋力を使い果たすと、下りでこうした体勢がとれず、大きな転倒事故を起こす可能性があります。実際、天候急変時や視界不良時に、慌てて西黒尾根を下る際、沢の源頭に転落する事故が頻発しています。不安を感じたら、素直に天神尾根下山を選択することをお勧めします。

白毛門山

白毛門山は谷川岳連峰主稜線の東側に位置する朝日岳連峰の前衛峰です。山名の由来である、ジジ岩、ババ岩は山麓からよく見渡せます。脊梁山脈から多少離れているものの、冬季の積雪量は主稜線付近とほとんど変わらず、山頂付近の雰囲気も主稜線の各ピークとよく似ています。山頂から南に伸びる尾根は迷いようのない単純な地形で、傾斜もほぼ一定であることから登り下りのトレーニングに向いています。

紹介コース

白毛門山コース

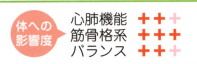

- コースデータ…標高差1000m、距離(片道)2.8km、標準タイム(片道)180分
- アプローチ…車道1km以下　※最終駐車スペースから登山口まで

コースの特徴

白毛門山の南尾根は極めて単調な急登尾根です。湯檜曽側対岸の谷川岳と比較すると混雑する懸念がなく、じっくりとトレーニングにいそしむに

は適切な環境を提供してくれます。また、無雪期には危険箇所はほとんどなく、道に迷う懸念も非常に少ないので、ご自身の「登り」「下り」の特性をじっくり見つめ直すことができます。

　松の木沢の頭までの樹林帯の登りは実に地味な登りの連続で、「訓練」のイメージがピッタリです。大きな木の根を這い上がるような部分も多数あり、腿上げ運動を連続1000回ぐらいした気分になります。山頂往復のトレーニングの場合、下りは同じ急坂を休みなく下ることになるので、膝関節や足関節には大きな負荷となります。下肢関節に不安のある場合は、ダブルストックや膝サポーターなど十分な障害予防策をとることをお勧めします。

● コース時間目安
駐車場ⓐ …… 90～150分 ▶ 松の木沢の頭ⓑ …… 40～80分 ▶ 山頂ⓒ

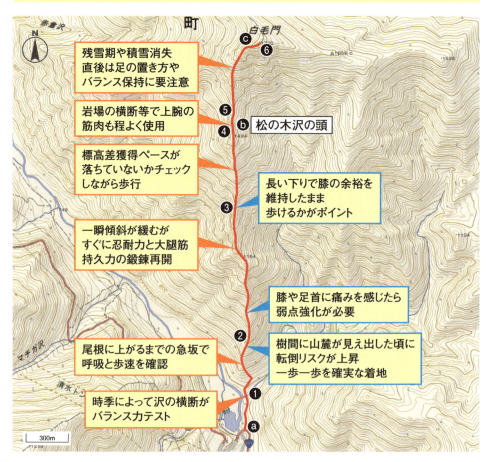

湯檜曽川堰堤下の橋の土合駅側を北に入ると広い駐車スペースとなります❶。このスペースの奥が登山道の入り口です。東黒沢を不安定な橋（季節によって変わります）で渡ると❶、河原から一段上がった平坦地に登山道が延びています。5分ほどの平坦な歩きが終わると沢から離れ、尾根の側壁に取り付きます。いきなりかなり急な傾斜となります。呼吸を整えながら、これから1時間以上歩き続けられるペースをつかみましょう。尾根に上がっても若干傾斜が緩むものの、ひたすら登りが続きます。大きな木の根を跨ぎながら大した変化もなく、腿上げ運動を続ける感じです❷❸。最初はあえてペースを控えめにして長い急登に備えるとよいでしょう。標高1154mの地点に極短い平坦地がありますが、ここも特徴がないので、気づかずに通り過ぎてしまうかもしれません。いったいいつまで登らせるんだろうと飽き飽きした頃に、標高1484mの松の木沢の頭に飛び出します❷。ここまで水分補給の立ち止まり程度で休みなく歩き続けられれば、その際の所用時間が心肺機能や下肢の持久力の指標となります。

　松の木沢の頭から先は視界も開け、小さな岩場もあり、「訓練」「鍛錬」の気分から抜け出せます❹❺。いったん20mほど下り、再度急な登りになります。頂上が近くに見えますが、まだ標高差が250mほどあるので、スパートをか

登山口直後の沢❶

尾根下部の木の根が這う登山道❷

尾根中盤の岩場❸

けるようなことはせず、それまでの登りのペースで黙々と歩く方がよいでしょう。また、頂上手前に小さなギャップがありますが、無雪期には特別なバランス力を要するほどではありません❻❻。

　白毛門南尾根の下りは有名な登山者泣かせの急坂です。清水峠方面から重荷を背負って縦走して来たときなどは、この最後の下りで膝が痛くなることは稀ではありません。傾斜もさることながら、ほとんど平坦地がなく、少し油断すると木の根に足をとられそうになる足場の悪さもキツさに拍車をかけています。標高1000mぐらいのところからは、時々樹間に麓の風景が覗かれますが、「なかなかつかない」と感じることでしょう。下りも登りと同じくらい時間をかけるつもりで、慎重に足を進めることをお勧めします。また、上半身や膝関節を柔軟に使って、目と次の足場が遠くならないように体勢をとることが重要です。急な部分では、ストックや立ち木をホールドとして、大きな転倒を避けるように下るとよいでしょう。

視界が開ける尾根上部❹

初夏には尾根上部の花も見頃❺

白毛門頂上から北方向を望む❻

〈コース解説のまとめ〉

　前記のコースのいくつかを、毎日、週3回以上、など頻繁に通われている人がいます。こうした方が健康増進目的とか、とある症状のリハビリにとか、特別な目的を意識しているとは限らず、始めてみたら次第にそれが習慣になってしまったという場合も多いようです。
　「一往復してからでないと1日が始まらない」「行ってこないと気分がすっきりしない」など、毎日の生活の一部となっていて、山でのエクササイズなしでは心身にデメリットが生ずるようです。ある日1回行けなかった時は、翌日に2往復することで、毎日1回のカウントにこだわりを見せる強者もおられます。昔からお百度参りとか、千日講とか、繰り返し山寺や社に通う行為は行われてきましたが、こうした行為も宗教心からという動機付けばかりでなく、坂道を繰り返し上り下りする習慣の身体的・精神的効用を先人達が認識されていた故なのかもしれません。
　もう一度、近隣エクササイズのトレーニングとしての取り入れ方を紹介すると、「毎日もしくは2～3日に1回は30分程度の早歩き歩行等を居住地の周辺で行う」「週に1～2回、本書で紹介したような標高差300～500m程度の近隣山エクササイズを行う」「月に1～2回、体力や経験に合わせて、標高差1000m程度の本格的な山登りを実践する」というのが理想です。
　前半の総論でも紹介しましたが、運動のやり過ぎは障害を起こす可能性があります。特に関節の軟骨は再生能力を超えて激しく使用すると、摩耗が進行して、遠くない将来歩行時の痛みで歩くことが困難になります。ぜひ、長い目でみて、本当に体に良い健康増進登山を心掛けましょう。

■掲載コース対象の山などの位置図

■掲載コースの特徴

掲載ページ	紹介コース	対象の山など	距離
38	10階建てビルコース	居住時のビル群	1階当たり10m
39	前橋公園周回コース	前橋公園	1周約800m
41	清水寺コース	高崎観音山丘陵	片道400m
44	東山+西山コース	太田金山	周回3km
49	大沼からの直登コース	赤城黒檜山	片道450m
52	駒ヶ岳経由コース	赤城黒檜山	片道2.2km
56	小沼側八丁峠コース	地蔵岳	片道500m
57	大沼側コース	地蔵岳	片道800m
58	見晴山側コース	地蔵岳	片道2.2km
61	新坂平コース	鈴ヶ岳	片道1.6km
65	五輪峠・出張峠周回コース	大沼北尾根	片道3.9km
68	獅子ヶ鼻コース	鍋割山	片道1.3km
70	前不動コース	鍋割山	片道1km
71	荒山高原コース	鍋割山	片道1.4km
75	宮城(群馬県立森林公園)コース	荒山	片道2.9km
77	姫百合コース	荒山	片道1.7km
79	小沼周回コース	長七郎山	周回2km
81	鳥居峠と利平茶屋コース	鳥居峠と利平茶屋	周回2.3km
86	水沢寺から往復コース	水沢山	片道1.5km
89	二ツ岳コース	二ツ岳	周回2.5km
92	相馬山コース	相馬山	片道1.3km
96	硯岩コース	掃部ヶ岳	片道1km
97	湖畔の宿公園コース	掃部ヶ岳	片道1km
99	烏帽子ヶ岳コース	烏帽子ヶ岳と鬢櫛山	片道1km
103	ロープウェイ駅西コース	榛名富士	片道600m
105	榛名湖温泉「ゆうすげ」コース	榛名富士	片道660m
107	水沢山+二ツ岳コース	榛名山	周回9.1km
112	榛名湖周辺外輪山半周コース	榛名山	片道7.8km
118	表妙義 白雲山コース	妙義山　白雲山	周回3km
125	中之岳西コース	妙義山　金銅山	片道1.7km
127	鷹戻しコース	妙義山　金銅山	周回3km
132	(旧)国民宿舎コース	妙義山　相馬岳	片道3.8km
136	籠沢コース	妙義山　丁須の頭	片道3.8km
142	不動の滝コース	妙義山　丁須の頭	片道2.6km
145	御岳コース	妙義山　丁須の頭	片道3km
148	三方境コース	妙義山　丁須の頭	片道4km
152	山急山コース	山急山	片道1.5km
156	屏風岩コース	子持山	周回4.2km
161	南面ワイドコース	子持山	周回5.7km
163	小峠コース	子持山	片道2.4km
166	ぐんま天文台コース	子持山	片道3.9km
170	吾妻山往復または1周コース	桐生市郊外の山	片道1.3km、周回3km
173	鳴神山梅田口コース	桐生市郊外の山	片道2km
175	鳴神山川内口コース	桐生市郊外の山	片道2.2km
178	鳴神山南部尾根コース	桐生市郊外の山	片道9.5km
181	郡界尾根コース	袈裟丸山	片道4.5km
184	折場口コース	袈裟丸山	片道5km
186	寝釈迦・塔ノ沢コース(賽の河原まで)	袈裟丸山	片道2.9km
191	天神尾根コース	谷川岳	片道2.7km
196	西黒尾根コース	谷川岳	片道3km
201	白毛門コース	白毛門山	片道2.8km

標高差	時間目安	コースの特徴
1階当たり 4〜5m	1階当たり片道 2分	上り下りの日々のトレーニング
25m	1周 10分	散歩時の標高差を使ったエクササイズ
90m	片道 10分	ハイキング感覚で往復20分のエクササイズ
200m	周回 60分	1時間程度の歴史散策兼軽いエクササイズ
450m	片道 70分	足場の不安定な急斜面を上り下りするコース
450m	片道 90分	キツすぎないアップダウンと草原尾根コース
150m	片道 30分	傾斜が苦手な人の足腰鍛錬入門コース
320m	片道 40分	コンパクトながら急傾斜歩行のトレーニング
320m	片道 60分	傾斜と心肺機能への負荷を体感するコース
累積 350m	片道 90分	きつい傾斜もある登り体力のトレーニング
累積 230m	片道 110分	繰り返す登り下降で体力負荷が変化するコース
530m	片道 80分	傾斜変化による体への影響を実感するコース
500m	片道 85分	急傾斜歩行でバランス力を強化するコース
100m	片道 40分	緩傾斜と小ピークのほぼ平らな高原散策路
600m	片道 80分	スピードアップした歩き方のトレーニング
570m	片道 100分	初心者が通年で利用できる安定したコース
110m	周回 60分	歩行スピードと体への影響を実測するコース
400m	周回 90分	貴重な腿上げのトレーニングサイト
580m	片道 70分	登りに必要な心肺機能と腓腹筋鍛錬のコース
200m	周回 90分	短い上りや下りを繰り返す体調調整コース
240m	片道 40分	急傾斜地や鎖場のバランストレーニング
340m	片道 50分	ルートの明瞭な全天候型の調整用コース
340m	片道 50分	お手軽な急傾斜登下降エクササイズ
260m	片道 40分	急階段歩行と藪漕ぎの練習コース
290m	片道 40分	急な斜面につけられた電光型登山コース
300m	片道 45分	ほぼ一定傾斜の心肺機能の鍛錬コース
累積 1100m	周回 330分	緩急交えた斜面と取り組む持久力養成コース
累積 895m	片道 300分	なだらかな上り下りのミニトレランコース
620m	周回 280分	心肺機能とバランス鍛錬の高難度コース
350m	片道 80分	腕力やバランスを強化するやや高難度コース
450m	周回 240分	岩場でのバランス強化向き高難度コース
600m	片道 150分	急な登下降のための筋力増強向きコース
600m	片道 120分	登山に必要な体力全般を鍛えるコース
670m	片道 150分	終始ペースを変えずに歩く練習向きコース
700m	片道 200分	急な登下降や鎖場で総合力を鍛えるコース
700m	片道 180分	緩斜面を一定スピードでひたすら歩くコース
400m	片道 120分	ルートファインディング力を養成するコース
570m	周回 180分	さまざまな要素が入った総合力トレーニング
650m	周回 230分	持久力強化向きの緩傾斜尾根コース
400m	片道 60分	木枠の道でバランス能力のエクササイズ
490m	片道 90分	季節を通じて全天候型坂道歩行トレーニング
340m	片道 60分、周回 120分	毎日往復も可能な絶好の健康増進コース
588m	片道 70分	脚力、持久力が付く林道コース
550m	片道 80分	足場の不安定なバランス強化向きコース
840m	片道 360分	里山の稜線をたどる体力強化コース
725m	片道 120分	明瞭な尾根をたどる体力トレーニング
650m	片道 140分	緩傾斜部の長い下肢持久力トレーニング
690m	片道 90分	足首の柔軟性を鍛える沢沿いコース
640m	片道 100分	コンパクトで整備された人気の展望コース
1200m	片道 200分	1200mを一気に登る心肺機能強化コース
1000m	片道 180分	上り下りの適性がわかる急傾斜尾根コース

■ 健康チェックシート (例)

日　付	目的地	ルート	天候(山麓)	天候(山頂)	山麓気温(℃)	山頂気温(℃)	山麓湿度(%)	山頂湿度(%)	山麓風(m/秒)	山頂風(m/秒)	メンバー

地点			
時刻			
ポイント間所要時間(分)			
体調(血圧:収縮期/拡張期 mmHg)			
体調(脈拍 回/分)			
体調(動脈血酸素飽和度%)			
栄養摂取内容			
飲料摂取内容			
その他メモ			

齋藤　繁（さいとう　しげる）

1961年群馬県高崎市生まれ。群馬大学大学院医学系研究科教授。大学での教職に加え、同大附属病院で麻酔科・蘇生科診療科長、集中治療部長、高気圧酸素治療室長、緩和ケアセンター長などを兼務する。大学生時代にワンダーフォーゲル部に所属し、国内各地で登山に励む。1992年日本ヒマラヤ協会クラウン峰登山隊に参加し、高所登山に関する医学研究に取り組む。その後、山岳イベントの医療支援活動や一般登山者の健康管理に関する啓蒙活動などを行っている。群馬県山岳連盟、日本山岳会、日本ヒマラヤ協会、日本登山医学会などに所属。登山関連著作に『病気に負けない健康登山』『「体の力」が登山を変える』（ともに山と渓谷社）など。

登山を楽しむための健康トレーニング

2017年7月28日　初版第一刷発行

著　者　齋藤　繁
発　行　上毛新聞社事業局出版部
　　　　〒371-8666 前橋市古市町1-50-21
　　　　Tel027-254-9966　Fax027-254-9906

ⓒShigeru Saito 2017　Printed in Japan
　　　ISBN978-4-86352-184-1　C0075
乱丁、落丁本はお取り替えいたします。
定価はカバーに表示してあります。

表紙／本扉写真：加藤　仁